复旦大学俄罗斯中亚研究中心

俄罗斯欧亚研究

(第二辑)

冯玉军　赵华胜·主编

时事出版社
北京

目 录

第一编 专题报告篇

中俄关系:2019模式 …………………………………………（3）

第二编 学术论文篇

改革开放以来的中(苏)俄关系:思考与启示 …………………（97）
中国与中亚关系:现状与趋势 …………………………………（106）
对新时代中俄关系的几点思考 …………………………………（124）
"印太战略"与大欧亚:认知与应对 ……………………………（130）
乌兹别克斯坦在阿富汗问题上的重要作用 ……………………（158）

第三编 时政评论篇

面对乱局:俄罗斯重回现实主义 ………………………………（167）
理解复杂世界需要复合性思维 …………………………………（173）
走出国际问题研究的思维误区 …………………………………（176）
摆脱国际问题研究中的"伪命题" ………………………………（179）
"被迫"退出《中导条约》:俄罗斯的小心思 ……………………（183）
中国应为即将到来的国际军控新谈判未雨绸缪 ………………（186）

美俄谋求迂回解冻双边关系 …………………………………（189）
大变局下的中国国际战略与中俄关系 …………………………（192）
国际贸易投资新规制多轨并进与中国的选择……………………（195）
事故频发凸显俄罗斯"去工业化"危机 …………………………（198）
让国际问题研究实现"历史回归" ………………………………（201）
中国俄（苏）研究70年：回顾与展望 …………………………（204）
如何处理今天的中美俄三边关系 ………………………………（207）
俄罗斯向何处去？这确实是个问题 ……………………………（210）
俄罗斯需要国际秩序吗？
　　——2019瓦尔代会议侧记 …………………………………（217）

中俄关系：2019模式*

序　言

2019年，中华人民共和国和俄罗斯联邦迎来建立外交关系70周年。在这大庆之年，对双方而言，特别重要的是通盘分析双边关系，评估成就和有待解决的问题，制订今后的协作战略。

2018年，中国和俄罗斯继续多方位大力发展全面战略协作伙伴关系。双边贸易达到了创纪录的1070亿美元，在贸易结构多样化方面的努力带来了成果，农产品供货增长。双方举行地区合作年，扩大了两国在地区和城市一级的联系，越来越多的新一代中国人和俄罗斯人参与青年交流和学术交流，两国之间的客流在扩大，包括由

---

* 《中俄对话：××模式》是由复旦大学俄罗斯中亚研究中心与俄罗斯国际事务委员会、俄罗斯科学院远东研究所自2015年以来联合撰写的中俄关系年度报告，报告汇集中俄两国研究中俄关系问题的各领域知名学者的文章，每年以中文版和俄文版分别发布，引起了中俄两国政界、学术界的广泛关注和好评。报告中方负责人：赵华胜，复旦大学国际问题研究院教授。中方成员：刘华芹，中国商务部国际贸易经济合作研究院欧洲与欧亚研究所所长，研究员；石泽，中国外交部国际问题研究院研究员，中国驻俄罗斯大使馆原参赞；邢广程，中国社科院学部委员，中国边疆研究所所长，研究员；徐坡岭，中国社科院俄罗斯东欧中亚研究所俄罗斯经济研究室主任，研究员；王海燕，中国人民大学国际能源战略研究中心研究员；冯玉军，复旦大学国际问题研究院副院长、俄罗斯中亚研究中心主任，教授；林民旺，复旦大学南亚研究中心副主任，教授；张耀，上海国际问题研究院海洋和极地研究中心主任，副研究员；封帅，上海国际问题研究院俄罗斯中亚研究中心助理研究员。俄方负责人：谢·卢加宁，俄罗斯科学院远东研究所所长，俄罗斯国际事务委员会成员。俄方成员：安·科尔图诺夫，俄罗斯国际事务委员会执行主席；安·卡尔涅耶夫，莫斯科大学亚非学院副院长；弗·彼得罗夫斯基，俄罗斯科学院远东研究所研究员；瓦·卡申，俄罗斯科学院远东研究所研究员；伊·杰尼索夫，俄罗斯外交部莫斯科国际关系学院东亚和上合组织研究中心研究员；季·马赫姆托夫，俄罗斯国际事务委员会项目协调人；阿·拉里奥诺夫，莫斯科高等经济学校讲师；尤·库林采夫，俄罗斯科学院远东研究所研究人员；克·库兹米娜，俄罗斯国际事务委员会项目协调人。翻译：盛世良、孙凌云、赵士峰、倪文卿。校对：赵华胜。

于俄罗斯举行世界杯赛而到俄罗斯的客流。与此同时，为了把双边伙伴关系提升到符合两国人民需要的更高的新水平，中国和俄罗斯还有大量工作要做。

在国际关系动荡、安全威胁激化、外部压力上升的条件下，两国在国际日益尖锐问题和紧迫问题上的彼此支持变得越来越迫切，包括全球军控前景、维护普遍性多边机制的核心作用、制止世界贸易中的单边主义和反全球主义倾向、反对恐怖主义，以及在叙利亚等国冲突后进行的恢复工作。

中俄两个欧亚强国在保障相邻地区的稳定方面起着特殊作用。北京和莫斯科应该继续对地区安全的新挑战和传统挑战提供共同的答案，包括在上海合作组织的平台上。中国与俄罗斯保证发展战略、一体化和基础设施倡议（欧亚经济联盟和"一带一路"倡议）的对接，也将对欧亚地区的发展和繁荣做出重大贡献。

中国与俄罗斯在双边协作方面还面临着更加宏伟的任务。双方的重点应该放在提高经济合作的质量上，而不是放在增加经济合作的数量上；应该使贸易多样化，面向高附加值商品和高技术产品；此外，要特别注意从贸易向涵盖研制、生产和销售所有阶段的全面深入合作过渡。吸引中小企业参与合作，依然是一个紧迫问题。毫无疑问，考虑到第三国单边限制措施而造成的复杂情况，这些问题的解决，不可能没有金融领域的密切合作、相应基础设施的发展，以及无间断相互支付的保障。

今天在新技术革命和工艺加速发展的时期，中国和俄罗斯如果不优先重视创新，包括人工智能和信息技术领域的创新，就难以在全球舞台上保证自己的竞争力。中国和俄罗斯把自己的潜力结合起来，就能使两国在世界上处于领先地位。

中国和俄罗斯在人文联系领域有大量工作要做。在发展联合研究和教育计划、培养懂汉语和俄语的各领域高级专家方面，在提高到中国和俄罗斯留学对中国和俄罗斯的向往和吸引力方面，还有许多工作要做。在继续发展旅游的同时，应该提高全方位服务质量，加强对两国国情的介绍。要致力于消除两国人民中尚存的成见和偏见。通过传统媒体和新媒体渠道积极交流信息，在中国和俄罗斯广泛传播伙伴国古典和现代艺术作品，将起到特殊的作用。

要达到这些宏伟目标，就一定要对合作进行长期的战略性规划，在两国专家、实业界和各界公众参与下制订具体而有效的措施。复旦大学国际问题研究院和俄罗斯国际事务委员会、俄罗斯科学院远东研究所一年一度的《中俄关系：2019模式》报告，有助于定期盘点中俄关系，就发展合作提出务实性建议，将对这些任务的解决做出自己的贡献。本报告提供了2018年第二季度到2019年第一季度中俄关系的分析成果。

一、中国与俄罗斯：全面伙伴关系的发展趋势

2019年是中国和俄罗斯两国人民的大庆年。中华人民共和国成立70周年和两国建交70周年这两大大庆的背景是，中俄全面战略协作伙伴与互信协作关系进一步深化。2019年之所以成为大庆年，还有一个更广的历史背景——中俄两国官方交往400周年。

2019年4月，俄罗斯总统普京访问北京，出席第二届"一带一路"国际高峰论坛；2019年6月，中华人民共和国主席习近平出席圣彼得堡国际经济论坛，证实了当前互信的高水平和伙伴关系的战略性。

70年的关系史有过美好的篇章，其标志是1950年2月14日订立《中苏友好同盟互助条约》，苏联在20世纪50年代为中华人民共和国奠定工业基础提供重大财政和技术支持。两国也经历了分歧时期，这一时期结束于1989年。

21世纪初，两国关系由正常化上升到战略伙伴和互信合作这一更高水平，2001年6月16日签订了极其重要的《中俄睦邻友好合作条约》，还签订了一系列勘界协定。

俄罗斯在中国的战略优先体系中占有重要地位。中国当前的外交优先包括三个方向：美国、俄罗斯和欧洲。这一方针与中俄全面

战略协作伙伴关系的基本原则并无矛盾。

当前,在国际关系持续动荡的条件下,中国和俄罗斯的双边日程日趋多样,两国既在全球层面上包括在联合国机制范畴内,也在高度紧张的局部地区,积极发展协作。中国和俄罗斯在国际舞台上协调立场和努力,囊括当前世界发展的关键问题,包括反对国际恐怖主义、反对美国的保护主义和制裁行动,以及维护平等关系和不干涉内政。

全球化与双边日程的地区化,并不意味着中国和俄罗斯想恢复冷战时代传统两级体制中的"一极"。中俄伙伴关系发挥职能的原则是,在维护主权、加强两国安全和协同发展方面提供更多机遇。中国和俄罗斯一致认为,今天不存在把战略伙伴关系演化为军事政治同盟的必要性。与此同时,双方在2020年延长睦邻友好合作条约的时候,很可能会丰富和深化有关在缔约方中的一方之国家安全或领土完整遇到威胁,以及中俄伙伴关系受到总体威胁时进行协作(例如磋商)的条文。

中国和俄罗斯自2001年签署这项重要条约以来,逐渐形成一系列政治优势。这些政治优势在2019年成为密切合作的现实基础。这些优势包括双方保留在同第三国的关系中的自由,中俄双边日程可以"无限度"地充实军事技术和其他因素,中俄都是有能力遏制潜在对手的独立的地缘政治力量,伙伴关系能迅速地适应于近东、拉美或朝鲜半岛等各地区任务的解决。

中俄合作的特点是协调国家发展和安保战略。在中俄经济潜力不对称的条件下,这种协调不可能是能力与资源的机械叠加,而主要是相互补充的机制,即俄罗斯在军事战略因素方面、中国在经济和技术方面各有明显的优势。考虑到潜力的互补因素,可以说伙伴关系获得了新的质量——两国长远协作的战略稳定性。

对中俄两国来说,具有原则性重要意义的是中俄关系的内部平衡性。俄罗斯专家认为,经济潜力的不对称,对经济投资和军事战略日程产生负面影响;合作的军事技术和战略成分明显地压倒经济成分,尽管经济成分也有长足发展,两国贸易额于2018年达到1070

亿美元。要使这两个成分趋于平衡，就必须让俄罗斯的出口实现多样化，就必须共同发展数字经济和高技术。

要完善双边伙伴关系，还必须理顺在欧亚地区的互利合作，包括欧亚经济联盟与中国"一带一路"倡议的对接进程，在上海合作组织、金砖国家、亚太经济合作组织、亚欧论坛范畴内的协作，加深在"中国—俄罗斯—蒙古"和"中国—俄罗斯—印度"这两个三边机制范畴内的合作。2019年跨阿穆尔河（黑龙江）铁路桥和公路桥的开通，向中国出口天然气的"西伯利亚力量"管道的投产，客观上将不仅有利于双边贸易在数量上增加，还有利于从质量上推动欧亚进程。具体到欧亚经济联盟与"一带一路"的对接，这是建立大欧亚伙伴关系经济一体化和运输综合平台的一部分。将有数十个国家参与大欧亚伙伴关系，包括东盟和欧盟国家。对参与对接的国家来说，特别是对欧亚经济联盟的最大国家俄罗斯来说，重要的是明确区分共同利益与保护某些领域的本国市场之间的界限。专家在评估上述方案时认为这有特殊意义。

二、协调对外政策与世界形势的评估

（一）全球治理、全球化危机与国际安全：中国与俄罗斯的立场

2018年，中国和俄罗斯继续共同探索如何应对国际关系加速转型而产生的新挑战。在当今欧亚和整个世界深刻变化的条件下，欧亚两大强国持相近的立场：反对国际关系碎片化和逆全球化，支持开放和自由贸易的主张，支持国际机制的关键作用。

中国和俄罗斯在联合国框架内积极协作，在世界平衡越来越脆弱的条件下，致力于加强联合国在国际事务中的核心协调作用。与此同时，两国都认为必须维护联合国。联合国机制有助于实现世界多中心的主张，在民主基础上，考虑到各种不同意见，遵循《联合国宪章》的目标和原则，制订当代紧迫问题的解决方案。

2018年，中国与俄罗斯在联合国及其专门机构保持密切协调。美国继续试图瓦解多边合作机制，于2017—2018年退出联合国教科文组织和人权委员会，而中国和俄罗斯依然把维护联合国机制的权威性和有效性看作自己的历史使命。中国和俄罗斯的出发点是，不尊重极其重要的国际机制是具破坏性和危险的，而怀疑联合国的有效性会导致国际关系架构的瓦解。

中国和俄罗斯这两个联合国安理会成员，在涉及全球安全和地区安全的原则性决议的表决时，往往持共同立场。这特别明晰地表现在讨论叙利亚局势的场合。在叙利亚杜马事件后，中国支持俄罗斯提出的决议案——谴责美国及其盟国对叙利亚的打击，要求停止对这一近东国家的侵略。2018年7月，由于中国和俄罗斯的坚持，联合国安理会通过了不把叙利亚人权问题的讨论列入议程的决议。2018年12月，中国和俄罗斯两国代表团在联合国安理会表决把现有的对叙利亚人道援助机制延长一年的决议案时，一致投了弃权票。决议同意，对叙利亚地区提供人道援助的机制未经大马士革同意应保持不变。

在《禁止化学武器公约》缔约国第23届会议上，中国和俄罗斯提出决议案，主张在仲裁机制问题上发生分裂的背景下维护禁止化学武器组织的完整性。在消除中程和中短程导弹条约遇到危机的情况下，中国投票赞成俄罗斯提出的决议——维持这项作为欧洲和国际安全基石的条约。尽管这些决议案都没有获得多数票，但是这并不影响北京和莫斯科继续致力于在军控、裁军和不扩散大规模杀伤性武器方面达成各方都能接受的有效决议。

在第73届联合国大会上，中国和俄罗斯提议，联合国和平利用宇宙空间委员会的工作应面向太空领域国际法、国际空间利用和太空活动规范，以便在联合国主持下，切实在国际基础上保证对这项活动进行全球治理。

中国和俄罗斯既在多边平台上，首先是在上海合作组织和金砖国家机制中，也在双边接触中，继续显示对全球治理改革的立场相近。正如俄罗斯总统普京2018年6月底对中国国事访问后通过的联合声明所指出的,在国际局势充满潜在冲突、地缘政治矛盾激化、建设性协作空间受到压缩、经济保护主义显现的形势下,中俄协作是维护世界战略平衡和稳定的重要因素。

(二) 新的世界经济秩序:中国和俄罗斯的立场

由于保护主义和单边主义对世界发展造成的威胁,由于全球技术革命所带来的变化引起的新挑战,全球经济发展遇到了问题,中国和俄罗斯对这些问题的立场是相近的。

正如普京总统在圣彼得堡国际经济论坛全体会议上讲话中所强调指出的,互不信任会危及全球发展前景,甚至可能使全球经济发生大倒退,退回到自然经济时代。令人不安的趋势现在就可以看到:"实业联系的稳定性受到破坏,逆一体化进程在加速,多边合作形式、国际机制和协议的有效性在贬值。"

今天,世界经济全球化遇到一系列挑战:

第一,由于经济发展高度碎片化和不平衡,危机后的恢复速度不等,特别是发达国家经济危机后的恢复遇到困难,全球化的发展明显遭遇麻烦。

第二,特朗普当选美国总统后,采取了"美国第一"的政策,实行单边主义,退出一系列国际组织。这些措施一方面反映出发达国家在全球化进程中治理和国内收入分配方面出现的问题,另一方面对经济全球化造成不良影响。

然而,全球化进程不可逆转。世界贸易额不断增长,国际分工和国际生产链逐渐强化,微观经济的相互依存日益扩大。新兴市场国家正在成为全球化的推动力,世界资本流动额加大,越来越多的国家融入世界经济。技术进步在加速,在推动全球化发展。今后,技术进步不仅将要求建立零关税、零壁垒、零补贴的高规格自由贸易区,而且将要求在大欧亚空间和"一带一路"倡议等平台的范畴内形成多样化的机制性和非机制性经济合作方式。

与此同时,世界经济结构在发生变化。发展中经济体的高速增长，首次使西方发达国家的主导地位遭到威胁。形成中和发展中市场经济体的群体性崛起，为更加平衡的全球发展做出贡献。世界经济转型既要求总体结构的改变，也要求世界经济增长迅速扩散。

由于科技领域发生的基础性变化，实质上是发生了新技术革命，应对全球治理机制失衡的危险趋势变得越来越迫切。像人工智能、大数据、量子通信和生物技术这一类的创新，会产生巨大的潜力，形成新的门类、新的平台和新的模式，带来世界发展进程和人类职业活动的根本转变。用中华人民共和国副主席王岐山2019年1月在达沃斯世界经济论坛上的语言来表述，新技术不仅带来新机遇，而且也产生新风险和新挑战，科学发现和技术创新的重大突破，促进了人类进步和发展的巨大飞跃，但是，这些突破也导致了附加价值链、产业链和供应链的重组，破坏了经济和社会的平衡、国家之间和地区之间的平衡。根据王岐山的评估，新形势要求对各国社会经济治理和全球经济治理做出调整。

市场经济国家对改革全球治理体系的呼吁，美国单边主义和保护主义政策对多边贸易制度的挑战，使世界发展面临新时期。反俄制裁和中美贸易摩擦，对多边贸易和国际治理体系，对世界经济秩序构成威胁。国际组织，特别是世界贸易组织、世界银行和国际货币基金组织都需要改革，以反映世界经济的变化。在这一背景下，中国和俄罗斯宜积极参与世界贸易组织范畴内的多边贸易规则改革。世界贸易组织的改革将是一个长期过程。今后，各方不仅应该解决在现有体制内的经济矛盾，而且应该扩大贸易谈判的内容。世界贸易组织必须进行机制性改革，提高世界贸易组织决策机制和争端调解机制的效率，这一问题也很尖锐。在多边规则中应该在更大程度上考虑发展中国家和发展中市场经济国家的利益。与此同时，完善和补充世界贸易组织有关信息技术、国家采购和贸易领域知识产权的协定，也相当迫切。

中国认为，"一带一路"倡议不同于西方主导的分工模式和治理结构，它提出了包容性发展的概念，包括"人类命运共同体"和"共同发展"，由此中国在西方语境中遇到被妖魔化的问题。传统上以欧洲和美国为中心的国际分工体系正在发生重大变化。这些问题可能引起全球治理新思想的发展。

2019年的主要风险是世界政治的不确定性，主要是特朗普政策的不确定性。英国"脱欧"也很可能产生负面影响。这些风险导致世界经济秩序更大程度上的碎片化。各国局限于自己的国家利益，这就决定了上述风险难以降低。今后世界经济秩序的基本特点是合作与对抗并存。为了克服全球风险，必须奉行多边主义，国际组织和国际体系应该加速改革。从短期前景来看，世界经济体系中的矛盾难以解决。

（三）在变化的国际形势中中国与俄罗斯和美国的关系

美国和其他西方国家继续加强针对俄罗斯的制裁，同时美国总统特朗普急剧提高要价，想让中国同意显然有利于美国方面的"交易"。美国在展开"关税战"后紧接着又攻击中国的高技术公司中兴和华为，俄罗斯铝业公司、生产能源和有色金属的E+集团公司，以及欧洲西伯利亚能源公司等于2018年曾遭受过此类压力。

特朗普在2016年竞选活动中对中国采取了极其强硬的立场。他不断批评奥巴马政府未能回击"中国的挑战"，在贸易和经济问题上、在军事和政治问题上不断"丢失阵地"。他保证在中国方向奉行强硬政策，会不失时机地急剧提高对中国进口商品的关税，会对中国公司"盗窃美国知识产权"实行制裁。

然而，特朗普政府执政的头几个月似乎表明，对他的竞选言辞无须认真对待。尽管特朗普已经通过实例表明，他不在乎美国外交的固有传统，就任伊始就跟中国台湾地区领导人电话交谈，但实际上他的对华态度相当克制，而继承奥巴马方针的因素相当突出。

中国方面在美国新政府上台伊始就表现出明智的克制，避免对白宫的敌对言辞做出激烈反应。两国领导人在佛罗里达的首次会晤和特朗普2017年11月对北京的访问，可以看作中国外交的重大成功。两位领导人建立了友好的个人关系，接近特朗普的美国公司的利益得到最大限度的照顾，美国总统在北京受到"帝王般"的接待，中国方面尽力淡化同美国政治分歧的议题，避免在东南亚采取可能被美国视为"中国扩张主义"行动的任何举措。然而，中美关系在第二年，即2018年即开始迅速恶化。

2018年中美关系的恶化，受到一系列因素的影响，其中包括某些越出双边关系范畴的因素。

第一，2017年表明，美国新总统选择的对国际伙伴强硬施压的策略总的来说是成功的。曾有批评者警告，说是美国在特朗普总统任期内会处于国际孤立状态，但实际上不是这样。特朗普政府成功地修订了同日本和韩国双边经贸关系的条件，使之有利于自己。同加拿大和日本就北美自由贸易协定新条件进行的谈判，也可以相对地算作特朗普的成就。欧盟国家也未能对美国在贸易问题上的施压予以应有的回击，仅限于对美国某些商品象征性地提高关税。特朗普政府对自己的能力有了更大的信心，决心对美国最大的贸易伙伴中国强力施压。

第二，2017—2018年，美国经济显示强劲发展，表现在增长速度、金融市场和就业率等方面。有关特朗普将在某种程度上使美国陷入新的经济危机的担心，并未成为现实。美国经济的振兴不仅促进了特朗普政府国内政治地位的强化，而且使白宫更有把握承受对华大规模贸易战不可避免的代价。对近期美国经济乐观情绪的上升，毫无疑问为美国的好战情绪加了温。而且，华盛顿当前已经达成共识，以为中国经济几十年来靠贷款支撑，经不起美国施压，会陷入严重困境。

第三，2018年，中国在朝鲜问题上的支持，对特朗普来说重要性降低了。从2018年年初开始，白宫采取了美朝双边会谈优先的方针，这反映在新加坡举行的峰会，以及美国高官此后对平壤的数次访问中。当然，没有中国的参与，朝鲜核问题无法解决，但是在特朗普政府看来，这种参与已经不像2017年的时候那么必不可少了。种种迹象表明，为在朝鲜半岛问题上取得进展就得同中国保持良好关系这一因素，现在已经无法遏制美国对中国经济施压了。

第四，特朗普同美国国内反对派激烈的政治对峙，迫使美国总统在国内政治斗争中越来越频繁地打"中国牌"。如果说，特朗普的反对派继续在 2016 年他的竞选活动中寻找"俄罗斯踪迹"的话，那么，现在轮到特朗普说民主党在竞选活动中依靠中国大规模财政支持了。他现在可以说，中国对美国政治生活的"干涉"无论如何要比莫须有的"俄罗斯干涉"更加严重、更加巧妙、更加有破坏力。更有甚者，中国还被指责搞工业和军事间谍活动，盗窃美国最新技术，在美国传统势力范围（比如拉丁美洲）挖美国墙脚。如此这般就形成了"敌人形象"，"敌人形象"就会逐渐产生自己的逻辑、自己的倾向，就会开始影响对外政策。

2017 年中美双边贸易的不良情势，很可能是促使美国加强对华施压的一个补充因素。根据美国商务部下属的经济分析署的数据，2017 年美国对华贸易逆差为 3759 亿美元，比 2016 年多 2860 亿美元；美国对中国出口 1304 亿美元，从中国进口 5062 亿美元（美国在同中国的服务贸易中有顺差）。

对中国而言，一项具有原则性意义的重要战略任务是，把经济增长方式由粗放型转变为集约型，有助于此的是技术进步计划，包括《中国制造 2025》计划。特朗普和美国其他政治精英不止一次地抨击这一计划，指出贸易战的目的就是不允许向中国转移美国技术。与此同时，美国认为，中国的工业政策就是靠美国的知识产权来充实自己，而中国越来越相信，提高关税的目的根本不是消除贸易逆差，而是美国处心积虑地想遏制中国的发展。除了贸易战和让中国改变工业政策的最后通牒式的要求外，美国还加强了政治压力，主要是在人权、中国新疆地区、西藏地区和台湾地区等中美关系的传统领域。

1. 施压的主要方向：经济

对美国从中国进口的商品提高关税，是美国对中国施加经济压力的主要工具。提高关税从 2018 年 1 月就开始了，2018 年春夏季继续。2018 年 6 月 15 日特朗普宣布对总额为 500 亿美元的 1100 多种中国商品加征25%的关税。这主要涉及工业品，这类商品有助于中国实现《中国制造2025》计划。《中国制造2025》计划致力于发展航空航天技术、信息和通信技术、机器人技术、工业设备、新材料和汽车。中国采取了对等措施，对价值同样为500亿美元的569种美国商品（其中包括汽车和医疗设备）加征25%的关税。同美国一样，中国也从2018年7月6日起实施新关税。

就此两国开始了贸易战。下一阶段提高关税应从2019年1月1日开始，美国计划把价值2000亿美元的进口商品的关税提高到25%。但是，美国总统特朗普和中国国家主席习近平于2018年12月1日达成协议，把加税行动冻结90天。中国承诺在这段时间内大大增加（确切数额不详）美国农产品和工业品的进口额；两国计划缔结贸易协定。如果两国在90天内未能缔结贸易协定，美国就将按照计划提高关税。尽管商定的冻结期已经结束，谈判还在继续。据媒体报道，贸易协定有可能在2019年5月签署。5月中旬传出消息，谈判过程中出现新的激化：从5月10日起华盛顿对约为2000亿美元商品的税率从10%提高到25%；中国则宣布，从6月1日起，对价值约为600亿美元的美国商品实施新关税。

中国和俄罗斯应该共同应对挑战，加强双边经济联系，对抗美国压力。中国和俄罗斯就美国加强制裁和保护主义发表的联合文件中指出，两国将反对绕开联合国安理会采取单方面经济制裁，反对破坏公平公正竞争和有损于世界经济的讹诈与施压。同美国处于贸易战状态，客观上会提高中国对建立替代性金融结算机制和降低美元在世界金融中作用的兴趣，这也将为中俄合作带来新机遇。俄罗斯的任务不是把中美经贸关系激化看作"好运气"，以为从此无须在提高效率和经济多样化、深化中俄经济合作方面加大努力。

中俄经济合作不意味着放弃与西方的经济关系，中俄双方都不能完全替代西方的市场、资金、技术、粮食等方面在各自经济安全和经济发展中的作用，但两国合作有利于扩大本国的经济利益和弥补本国的经济损失。中国专家认为，美国对俄制裁在资金、技术和市场方面威胁俄罗斯经济安全。贸易战在经济、能源和食品安全领域对中国的发展形成挑战。中俄可在资金、技术和市场等领域扩大合作。恰恰在这些领域，中国和俄罗斯可以加强合作。对中国的能源安全而言，俄罗斯占据着极其重要的地位，俄罗斯可以在食品安全和市场安全方面给中国提供一定的帮助，中国则可以在基础设施建设和能源的战略开发方面为俄罗斯提供资本。在美国制裁和贸易战的背景下，北京与莫斯科在欧亚、亚太、东北亚的地区合作水平会提高，未来在投资和生产链分工领域的合作会加强。

2. 施压的主要方向：安全

预计美国对中国在安全领域施加压力，它将与其他一系列相关方向同时展开。

第一，美国将加剧军备竞赛，以便在亚太地区维持对中国的绝对优势，这首先涉及两国海军的竞争。维持对太平洋海域主要交通线的控制，依然是美国的关键任务。

第二，美国将努力通过在反导弹防御领域、建立能对中国境内核设施实施即时打击的新型高精度运载工具领域提升本国能力，使中国的核潜力贬值。许多专家认为，美国暂停执行中导条约，与其说是因为俄罗斯莫须有地破坏这项条约，倒不如说是因为中国在建立中导方面的努力。

新版《导弹防御评估》报告把中国和俄罗斯都称作对美国构成导弹威胁的现实来源，公开表示要在伊朗和朝鲜导弹射程之外部署专门针对中国和俄罗斯核武系统的反导系统。此外，2018年12月发布的美国国会研究部门的报告，呼吁白宫制定措施，反制中国和俄罗斯使用以人工智能为基础的武器。报告断言，中国和俄罗斯不会顾及在作战行动中使用人工智能的道德问题，不会对使用人工智能武器实施侵略做出限制。

第三，美国将奉行巩固本国在太平洋和印度洋水域双边和多边同盟的方针。该方针的主要目标是扩大同印度的军事政治合作，直到建立形式上的美印军事政治同盟，但是，印度未必会同意。此外，美国将不可避免地会努力动员其他盟友（日本和澳大利亚）与伙伴

（越南），以便从地缘政治上遏制中国，巩固遏华多边机制（美国、澳大利亚、日本和印度四边机制），尽管这些努力的实际效果多半将是有限的。

第四，中国和中国人民解放军会成为美国形形色色制裁的对象。华为创始人的女儿、高管孟晚舟在加拿大被捕，开创了令人担心的先例。已经开始审议把她引渡到美国的方案，她在美国将受到"破坏对伊朗制裁政策"的指控。对孟晚舟的拘捕令早在中美在阿根廷宣布贸易休战之前就已经签署，很可能会付诸实施，而不取决于特朗普与习近平在二十国集团峰会上会晤的结果，但是，孟晚舟的被捕显然将使贸易问题的妥协复杂化。美国法律原则上允许对外国公民实施逮捕和刑事诉讼，但极少使用；标准的处罚是科以罚金。但是对华为，美国不仅选择了所有方案中最强硬的方案，而且把自己的行动与国家安全利益挂钩。

第五，预计美国将在中国敏感地区显示武力。例如，在美国总统特朗普和中国国家主席习近平在阿根廷二十国集团经济峰会会晤前夕，美国海军在争议水域举行了两场演习。2018年11月26日，美国提康德罗加级导弹巡洋舰"钱瑟勒斯维尔"号在中国南海的西沙群岛附近举行导航演习。11月28日，阿利·伯克级驱逐舰"斯托克代尔"号和军事海运司令部的"佩科斯"号辅助船穿越台湾海峡。这是美国军舰继2018年6月和10月两次穿越台湾海峡后第三次显示对台湾的支持。

中美关系在安全领域的激化，客观上促使中国和俄罗斯更加紧密地彼此合作。多年来，俄罗斯首次有接近当局的专家谈起应该同中国缔结军事政治同盟，尽管官方层面上迄今为止尚未提到这一主张。从实际层面看，这主要是指扩大联合演习（包括在遥远的战区），增加两国国防部系统的合同，交流有关美国意图和计划的情报。多半还将提出关于进一步加深军事技术合作、关于加速由俄罗斯对中国提供武器过渡到联合科研、试验设计和生产武器的问题。俄罗斯同中国的国防企业可能联合开发第三国市场。

中国和俄罗斯将共同应对美国建立反华的"印太战略"。但是，对俄罗斯来说，这项合作的限制性因素是，同中国的进一步走近，可能对俄罗斯同印度和越南等国传统的友好关系造成不良后果。在一定场合，将可以通过金砖国家、中俄印和上海合作组织等多边机制解决克服利益冲突的任务。

俄罗斯宜向中国伙伴提议在主管国际安全的国际组织（首先是联合国安理会）中更加紧密地合作，扩大现有的有关世界各地区危机形势的双边磋商机制。俄罗斯专家认为，在某个阶段需要提出有关建立中、俄、美核安全三方磋商机制的问题。不必期待这种磋商迅速取得成果，但是具备这一机制，将有利于提高世界的稳定水平，让世界三个军事大国的核战略更有可预见性。

3. 施压的主要方向：社会与人道合作

美国同中国的矛盾正在涉及越来越广的领域。其一，美国尽管每年从36万多名中国留学生获得约140亿美元的收入，却对中国留学生实施新的限制。其二，敏感领域的联合科研和创新项目在收缩。其三，美国媒体反华信息宣传战逐渐加大力度，开始目标明确地在美国社会培植"敌人形象"。维权议题再次成为中美关系的冲突场，尽管特朗普早先曾同前几届政府的类似政策拉开距离。具有类似背景的还有美国发起的另外两场宣传攻势：一场是针对俄罗斯的"混合战争"，理由是俄罗斯破坏西方民主机制；另一场是针对中国，理由是中国"扩大本国影响"和盗窃知识产权。追根溯源，这些宣传攻势实际上是恢复和利用冷战时代培植的仇恨，其主要目的是诋毁中国和俄罗斯的政治制度，对中国和俄罗斯商界施加非竞争性压力。

俄罗斯无力取代美国作为中国主要社会与人文伙伴的作用。但是，华盛顿采用的限制措施会带来某些额外机遇。例如，发展中俄科技和创新伙伴关系，吸引中国学生到俄罗斯高校留学，等等。今天对俄罗斯来说，特别需要致力于改善在中国的形象，树立对中国人满怀善意的、蓬勃发展的现代化社会的形象。尤为重要的目标是中国受教育的城市青年中依然在相当大程度上向往美国的积极而雄心勃勃的人群。

4. 美国因素在中俄伙伴关系中的作用

正如预料的那样，美国对中国和俄罗斯强化施压并没有造成两国的孤立，而只是促进了中俄伙伴关系的加强，为两国彼此靠近、为实施新的互利合作项目开创了新机遇。然而，正如俄罗斯官员指出的那样，不能把共同抵御美国的压力看作加强中俄友好的某种独特因素。

在中国学术界有一种对美俄关系过于敏感的反应。在他们看来，中俄伙伴关系的基础是共同应对美国的战略威胁，一旦美国对俄罗斯的战略压力减轻，中俄双边关系的水平就会下降。然而，美国因素尽管重要，但其既不是中俄关系的核心，也不是中俄关系的全部内容。即使美国对俄罗斯的战略威胁减弱，中国和俄罗斯对世界秩序也将继续持相近的观点，合作维护国际安全和地区安全的需要不会消失。在外部环境日益动荡的新条件下，中国与俄罗斯双边关系的牢固基础、自在自为性质和独立价值，以及不针对第三国，这些都无须怀疑。

尽管中美同盟不符合俄罗斯的利益（而且今天看来，这种同盟的前景纯粹是虚无缥缈），但俄罗斯更不希望中美两国之间的紧张局面升级失控。首先，俄罗斯没有能力成为中美关系的平衡器或仲裁人。其次，中美对抗的加剧、国际关系形成新的两极体系，会给俄罗斯造成大量额外的政治和经济风险，得到的只是微不足道的策略性优势。俄罗斯影响中美关系发展的能力极其有限，但是，如果有这种能力，那么最好是用于缓和而不是加剧这种矛盾。

未来的中、俄、美关系存在着多种可能的发展模式。

第一个模式是中、俄、美不构成遏制和制衡关系，而是三边合作机制。毫无疑问，这是最佳模式，但这多半是难以实现的理想。这并不意味着中、俄、美关系完全排除合作因素，但合作仅带有策略性或局部性。

第二种模式即美俄形成针对中国的战略合作。这种模式的可能性也很小。它有三个基本制约因素：美俄关系的低质；中俄关系的稳固；俄罗斯的外交理念。

虽然俄罗斯愿意看到大国之间形成平衡关系，这对相对弱势的俄罗斯更为有利，但俄罗斯不会与美国结成反华阵营，因为这不符合俄罗斯的利益。中俄关系在俄罗斯外交中有不可替代的重要价值和地位，为改善俄美关系而毁掉与中国的关系，对俄罗斯来说代价太大，俄罗斯因此将遭受重大政治经济和安全利益损失，得不偿失。从俄罗斯的外交理念来说，它追求独立自主的角色，假使美俄关系恢复到正常，俄罗斯更可能选择在中美之间保持自由机动，而不是加入美国阵营。

第三种模式是中美形成"两驾马车"，由中国和美国共同治理世界。不过，这种模式的可能性也极低，中国反对单个国家在世界上发挥领导作用，而是支持多极体制的发展。中美关系可能改善，但不应该影响中俄关系：以为牺牲中俄关系就能加强中美关系的想法是错误的。

在可见的将来，中、俄、美三角最可能的模式是第四种，即延续现有的中国—俄罗斯—美国在三角关系范畴内互动的趋势：对中国和俄罗斯来说，削弱战略伙伴关系将是严重的战略错误。

最后是第五种模式，即中俄结为同盟或准同盟的可能。考虑到两国都主张不结盟，中俄形成同盟只有在中俄与美国都发生大规模对抗时才可能发生。不过，安全领域的形势严重恶化，今后有可能促使北京和莫斯科在军事方面更加走近，迫使两国结成强化了的战略伙伴关系或者准同盟，其基础不是有约束性的条约，而是政治共识或"君子协定"。准同盟可能成为介于结盟和不结盟之间的国与国关系的新概念，它既可利用结盟的优点，又能避免其缺点。

中、俄、美三角是客观存在。中国不支持冷战风格的"大三角"逻辑，不参与"零和游戏"，不希望同任何国家对抗，但是中国可以合理、有效、建设性地利用三边关系范畴推行外交倡议，扩大战略资源，化解大国之间的冲突，维护战略稳定，推动建立新的世界秩序。

（四）中国—俄罗斯—印度三角：如何推进

1. 中印关系的发展

2017 年 6—8 月，中印边防人员在洞朗地区进行了长达 72 天的对峙。一时间，中印关系进入了冷战结束以来的最低点。为扭转这一事件的消极影响，2018 年 2 月以来，中印双方开始释放积极信号，着手为两国领导人举行首次非正式会晤创造积极气氛。2 月底，印度新任外交秘书顾凯杰访问北京后，印度外交部向内阁发出通知，要求政府官员不参加由达赖集团在新德里组织的纪念活动，随后更要求将纪念活动放在新德里之外。3 月 20 日，印度总理莫迪致电中国国家主席习近平，祝贺习近平当选连任中国国家主席，并表示了希望加强领导人战略沟通的愿望。最终，2018 年 4 月 27—28 日在武汉顺利举行了首次中印领导人非正式会晤。

武汉会晤增进了两国领导人之间的个人友谊，促进了两国的战略互信。在国际和地区问题的协调上，双方同意首先在阿富汗开展"中印+"合作，然后再扩大合作范围，同意在孟中印缅（BCIM）合作框架下加快经济合作，在共同应对全球形势的变化上也取得积极共识。与此同时，在准备并落实武汉会晤精神下，中印双方的沟通合作机制陆续得以恢复。印度官方香客经由乃堆拉山口赴中国西藏朝圣得以恢复，中方重启向印方提供雅鲁藏布江的汛期数据。

中印边境事务磋商和协调工作机制、中印军控磋商机制、中印海上安全合作对话机制、中印边界问题特别代表第 21 次会晤，首次中印执法安全高级别会晤、中印首次高级别人文交流机制都在 2018 年内得以恢复或开启。

更重要的是，中印两军的交流也得以恢复。2018 年 7 月 2—6 日，中国人民解放军西部战区副司令员刘小午中将率战区边防代表团访问印度。8 月 21—24 日，中国国务委员兼国防部长魏凤和上将对印度进行正式友好访问。中印第七次"携手"陆军联训也于 2018

年12月在成都顺利举行。除此之外，在缓解两国贸易逆差、化解"一带一路"问题上的分歧等，双方都达成了部分共识，并为此进行了初步努力。

整体而言，中印关系正朝着逐渐趋暖的态势发展。但是，这一"重启"进程还有很大的不确定性和脆弱性。2018年莫迪政府的对华政策调整，到底是战略性调整还是战术性调整，仍然有待继续观察。由于2019年5月印度将进行大选，莫迪及印度人民党有很强的策略诉求，希望在2018年里同中方共同管控边境形势。另一方面，2018年印巴同时加入上海合作组织并且首次参加青岛峰会，这也间接地推动了中印关系的"重启"。

莫迪能否在2019年的大选后继续执政，将直接影响这一"重启"进程的延续。自2014年5月莫迪政府执政以来，其对华外交经历了一段曲折的过程。在此过程中，中印双方都总结出了经验教训和相处之道。如果2019年继续是印度人民党获胜，当前的"重启"趋势将大概率继续发展；而如果是其他党派获胜，则中印关系有可能进入另一个变化发展的周期。

从中期（3—5年）来看，中印关系的稳定发展仍然存在较大的阻碍因素，最直接影响因素就是战略互信的缺失。正如中国外交部部长王毅所言，中印之间如果有了互信，具体问题就有望在互谅互让基础上予以解决；缺乏互信，个别问题就会不断发酵溢出，侵蚀双边关系大局。

而最深层的障碍则是两国合作的战略基础在不断削弱。冷战结束以来，中印两国逐步发展出一套较为成熟而稳定的互动模式，可简要概括为"全球合作、地区竞争、双边管控"。在全球问题上，中印战略利益基本一致，很多具体议题上都能形成共同立场；在地区层面，双方共同利益较弱，或明或暗地竞争地区影响力，但是中国没有影响印度在南亚的霸权；而在双边层面上，基本上都是长期以来形成的棘手难题，短期内难以解决，一直是通过"搁置"或者管控分歧的方式来加以淡化处理。以此为前提，中印在冷战结束后取得了经济合作上的快速发展。

然而，近年来的发展趋势却是，两国在全球问题上的合作动力逐步减弱，地区影响力的竞争在加剧，进而促使双边分歧上的管控也在削弱，经济合作上的矛盾也越来越凸显。中印在全球性议题上的合作抓手在逐渐消失。气候变化议题的降温，世界贸易组织多哈回合谈判的中止，金砖国家新开发银行的建立并顺利开业，金砖国家应急储备安排的达成等，使得中印在全球议题上的合作抓手正在逐渐减少。在双边层面的领土边界等棘手问题上，两国也并没有取得实质性进展。

最突出的是，两国在地区层面的影响力竞争近年来正日益加剧。截至2018年，中国已经是印度、巴基斯坦、孟加拉国、马尔代夫、缅甸的最大贸易伙伴国，是尼泊尔和斯里兰卡的第二大贸易伙伴国。中印、中尼、中斯、中孟的贸易额在近十年内相继增长10倍以上，中国已经成为南亚最主要的外资来源国。更加上2013年以来"一带一路"倡议在南亚的推进，中国正成为南亚基础设施项目的主要投资者，特别是在巴基斯坦、孟加拉国、马尔代夫、斯里兰卡、尼泊尔等国都相应地建设或规划了一系列大型基础设施项目。"一带一路"的快速推进，使得印度担忧南亚小国对印度的离心倾向会变得越来越重，间接地加剧了印度的不满情绪。同时，2017年中国成为世界第三大武器出口国后，变为印度邻国巴基斯坦、孟加拉国、斯里兰卡和缅甸军事设备的主要供应国。

不过，随着美国总统特朗普上台以来国际形势的突变，也给中印加强合作提供了更大的战略空间。中印都主张要继续坚持全球化和开放发展，反对贸易保护主义，这为两国维护当前的国际秩序提供了战略基础。此外，中印关系的长期发展还有不少新的"正能量"值得挖掘。中印共同的历史境遇与国情，存在大量心声相通的元素，需要双方进一步挖掘。如印度电影《摔跤吧，爸爸》等在中国市场获得广泛赞许和欢迎，其票房收益远远高于其在印度本土。

印度经济崛起其实也需要加深中印经济合作。近些年来，特别是印度科技初创企业的融资，大大地得益于来自中国的资本。例如，印度的太阳能发电具有竞争力，主要是由于大约90%的太阳能电池板来自中国。印度电信行业由于借力在印度组装的中国手机，才能够取得迅速发展；印度一些最著名的初创企业，比如 Paytm 和 Flipkart，都依靠中国资本。印度叫车市场上与优步（Uber）激烈角逐的本土企业 Ola 的融资，更是离不开中国的腾讯（Tencent）。印度最早支持中国发起的亚洲基础设施投资银行，使得印度已经成为了亚洲基础设施投资银行最大的受益者。截至 2017 年年底，在该行迄今为止承诺提供的资金中，1/4 给了印度。在成立的头两年里，亚投行批准了 43 亿美元的贷款，其中超过 10 亿美元的资金将用于印度基础设施建设计划。

总而言之，当前的中印关系，实际上处在一个需要进行重构和发展的进程。中印过去合作的战略基础在削弱，需要通过挖掘出新的合作亮点来稳定两国关系。中、俄、印的三方合作正是这一重要抓手。

2. 三方协作

2018 年 12 月 1 日，在布宜诺斯艾利斯二十国集团峰会间歇，中国、俄罗斯和印度尝试激活三边合作机制，在中断 12 年之后恢复了三方定期高峰会晤。用普京的说法，安全、反对国际贸易中的保护主义和出于政治动机的限制等问题，应该成为这类会晤的优先议题。印度总理莫迪发挥了俄罗斯总统的思想，指出了四个共同努力的方向：地区和全球稳定、经济繁荣、在共同感兴趣的领域交流经验、合作应对新挑战。中国国家主席习近平也发表了类似的主张，着重指出三国在维护地区和全球稳定方面的特殊责任。

最近几年来，中俄印机制曾处于因巴西和南非的参加而代表性更广的金砖国家机制的阴影下。巴西和南非的国际意义固然不应该贬低，但还是应该指出，中俄印机制从地理上扩大到金砖国家机制，毕竟付出了机制上的代价：位于其他大陆的这两个国家有自己的任务和优先目标，有别于位于欧亚大陆上的三个初始成员国。巴西国民议会的极右翼代表、"巴西特朗普"博尔索纳罗在巴西 2018 年总统大选中胜出，对五边结构的未来提出了许多问题。不论怎么说，毫无疑问的是，把中俄印完全"融入"金砖国家将是严重失误。

中俄印三国领导人会晤宜形成有效机制。很有可能在不远的未来，三边高峰会晤将在更大的多边活动（二十国集团、金砖国家机制、上海合作组织、亚欧论坛等）间歇举行。

在不确定的国际局势下，国家元首发挥着特殊作用：中国国家主席习近平和印度总理莫迪保持了在上海合作组织、金砖国家和二十国集团峰会间歇举行双边会晤的做法，为防止中印关系恶化提供了保证。

然而，如果一切仅限于领导人间歇性地举行短暂交往，仅限于记录相吻合的立场或签署泛泛的政治宣言，那么这种会晤机制就不会对凝聚欧亚空间做出重大贡献。必须坦率地道出事关欧亚地区尖锐问题的现存分歧。同时，考虑到三方峰会不可避免的短促性，必须在专家和有关部门部长一级，事先研讨将在峰会上提出的议题，利用"二轨"和"一轨半"机制，制订具体的"路线图"。建立军人间常设三方磋商机制，定期举行三方军事演习，为解决中印军人之间的信任问题做出贡献，这也是完全切实可行的任务。

三国首先要在地区安全和地区稳定问题上加强协作。欧亚地区存在着一系列威胁，这既是挑战，也是三国合作的缘由。政治上的三方会谈，可以从讨论对三方都十分重要的叙利亚和阿富汗未来这类问题着手。重要性不亚于此的是研讨欧亚空间的某些功能性问题——共同反对恐怖主义、管控移民流、食品和能源安全、国际信息交流、人工智能发展。中国和印度都是北极理事会观察员国。俄罗斯作为该组织的主要成员之一，可以向伙伴们提议共同讨论北极问题，以免任何一方怀疑俄罗斯在这些问题上持"亲华"或"亲印"立场。

宜在中俄印框架内促进俄罗斯、中国和印度在欧亚地区彼此相关的项目的对接。中国和俄罗斯已经达成关于欧亚经济联盟同"一带一路"对接的共识。印度不会接受中国的计划，但是在武汉会晤期间商定了"中国—印度+"的合作模式。三国目前也开始在阿富汗协作。莫迪政府加入"北南"国际运输走廊，同伊朗签署了通过伊朗东南恰巴哈尔港转运货物的协定。2018年2月，印度加入支持土库曼斯坦建设"土库曼斯坦—阿富汗—巴基斯坦—印度"天然气管道项目的协定。三方能源合作对中国来说也是适宜的。早先曾议论过建立石油联盟的问题，但迄今仍没有看到进展。中国和印度对世界能源的依存度越来越高，而俄罗斯石油出口遭遇新的压力，在这种形势下三方能源合作取得进展的可能性越来越大。三国应该务实地发展战略对接。三国只有认识到战略利益和经济利益协调和融合能产生潜力，才会切实加强合作。

三国还应该在上海合作组织的平台上促进印巴分歧的和平解决，促成上海合作组织在当前国际安全和地区经济发展方面发挥更加重要的作用。

在越出欧亚大陆范畴问题上的积极的合作也将是推动三国合作的重大动力。多边军控、联合国、世界贸易组织和其他全球性组织的改革、21世纪国际公共法的发展、气候变化和生态挑战、技术进步的管理——俄罗斯、中国和印度在这些问题和其他问题上的统一立场，将具有比三国单独发声更大的意义。

三国都希望在关键性全球问题上加强立场的协调。2019年2月27日，俄印中外长乌镇会晤后，三国对继续失衡的多边贸易体制、对保护主义措施、对"贸易战"、对绕过联合国安全理事会扩大非法的单边制裁表示不安。

北京、莫斯科和新德里对中俄印框架内的合作感兴趣，是因为三方对加强国际法和当前世界秩序多边基础有关的广泛问题立场相同或相近。三方协作越来越具有全球尺度，而且不局限于欧亚议程。这可以由三国外长在乌镇讨论的问题的广度得到佐证。会晤结束后发表的公报表明，部长们特别重视委内瑞拉事态、近东和北非局势，首先是叙利亚调解和也门局势、阿富汗和朝鲜半岛事态，以及普遍共同行动计划涉及的问题。

（五）中国和俄罗斯在信息安全领域的合作

2018年，在信息安全领域，中国和俄罗斯既在双边框架内，也在各种多边平台上发展合作。中俄在这一领域协作的条法基础，主要是2015年5月8日签订的政府间保证国际信息安全领域合作协议。中俄协作的条法基础继续得到充实，两国在部门、组织和公司等级别上签署了多项文件。

2018年6月，中俄北京峰会结束时签署了《中华人民共和国商务部同俄罗斯联邦经济发展部关于在电子商务领域合作的谅解备忘录》。2018年10月1日，中华人民共和国工业和信息部下属的工业环境网络事故应对中心同"卡斯佩尔斯基实验室"股份公司，在中国博鳌签署了战略合作协议。

2018年10月，中俄总理定期会晤筹备委员会通信和信息技术分委会举行第17次会议。与会者指出，中俄在信息技术领域的合作显著加强。俄罗斯希望包括服务、存储系统和遥控设备在内的高技术设备的供货多样化。莫斯科还希望中国进一步推广和运用俄罗斯的程序保障。中国和俄罗斯是在保障经济稳定发展、行使公民权利和能力、提高国家管理效率，以及和平发展全球信息空间的背景下，研究加强网络安全任务的。

2018年6月，在第10届国际信息技术论坛范畴内，在汉蒂—曼西斯克举行了金砖国家、上海合作组织国家、集体安全条约组织国家和其他国家参加的第二届国际信息安全会议。参加会议的有中国各大行业协会、信息技术公司和科学与教育机构的19名代表。

三、欧亚空间内的中俄合作

（一）扩大后的上海合作组织：新的开始

每年一度的峰会是上海合作组织2018年的标志性事件。[①] 2018年6月9—10日，上海合作组织成员国元首理事会第十八次会议在

---

① Саммит ШОС в Циндао: 17 документов и первое участие Индии и Пакистана//РИА Новости, 10 июня 2018 г. URL: https://www.ria.ru/20180610/1522486787.html.

中国青岛市召开。出席本次会议的包括各成员国代表，阿富汗、白俄罗斯、伊朗和蒙古国代表，以及一些地区和国际组织代表。会上通过了成果性文件《青岛宣言》，[1] 确定了各成员国应对国际和地区重大问题的方法，明确了上海合作组织未来发展原则。峰会上还通过了其他文件，包括《上海合作组织成员国打击恐怖主义、分裂主义和极端主义2019年至2021年合作纲要》和《2018年至2023年上海合作组织成员国禁毒战略》。

青岛峰会在上海合作组织发展历史中具有重要意义。本次会议是印度和巴基斯坦正式加入上海合作组织后首次参会，峰会首次以"上合八国"的形式举行。印度总理莫迪和巴基斯坦总统侯赛因出席了元首理事会会议。

各成员国领导人在《青岛宣言》中指出，印度和巴基斯坦加入上海合作组织后，为组织内各领域合作注入新动力，将组织合作带上新高度。印巴的加入不仅意味着上海合作组织扩容，也是上海合作组织迈上新台阶、其国际地位更加巩固的证明。随着印度和巴基斯坦两大重要亚洲国家的加入，上海合作组织经济总量进一步提升，地理覆盖范围扩大，上海合作组织不仅能够解决欧亚大陆经济可持续发展问题，同时能够探索欧亚大陆重大安全问题的解决方案。"上合八国"机制将促进跨文明对话，在欧亚空间内推广上海合作组织价值观，显示上海合作组织尊重文明多样性的原则。

俄罗斯总统普京指出，成员国间开展互惠经济合作是上海合作组织重点工作方向。普京指出，必须推动上海合作组织成员国与欧亚经济联盟和"一带一路"等一体化倡议的协调；同时普京强调，中国和俄罗斯正在规划的大欧亚伙伴关系将欢迎所有上海合作组织成员国加入。[2]

在反全球化浪潮兴起、单边主义和保护主义抬头、自由贸易遭

---

[1] Циндаоская декларация Совета глав государств-членов Шанхайской организации сотрудничества//Президент России, 10 июня 2018 г. URL：http：//www.kremlin.ru/supplement/5315.

[2] Саммит Шанхайской организации сотрудничества//Президент России, 10 июня 2018 г. URL：http：//www.kremlin.ru/catalog/keywords/23/events/57716.

遇阻碍的情况下，上海合作组织成员国必须巩固经贸合作，协调各国发展计划。在安全领域，上海合作组织将继续以多方位外交为基础，遵循国际法的普遍原则，坚定不移打击恐怖主义和极端主义，并摒弃任何政治化和双重标准。各成员国一致认为，应在《联合国宪章》等联合国文件基础上，以协商一致方式通过联合国关于打击国际恐怖主义的全面公约。

2018年12月，第一届上海合作组织成员国地方领导人论坛在俄罗斯车里雅宾斯克市举行。①

2019年年初，上海合作组织遇到了对其工作有负面影响的新因素。

在上海合作组织邀请印度和巴基斯坦加入时，最担心的问题之一就是印巴关系的复杂，并有可能把印巴之间的矛盾带入上海合作组织中。结果，这一问题还是不幸地出现了。

2019年2月14日，在印控克什米尔首府斯利那加以南的普尔瓦马发生自杀袭击，印度中央后备警察部队40余人死伤，② 印度认定爆炸有巴基斯坦的背景，因此对巴进行报复。2月26日，印度空军战机袭击巴基斯坦境内的一处营地，但巴基斯坦空军在空战中击落一架印度"米格-21"战机并俘虏飞行员。③ 这是近年来印巴两国之间发生的最严重的武装冲突，南亚大陆的紧张局势骤然升级。虽然分析认为印度和巴基斯坦爆发大规模武装冲突的可能性不大，但两国关系仍将处于紧张状态中。

印巴冲突是上海合作组织不愿看到的，这一冲突也会对上海合作组织产生负面影响。自上海合作组织成立以来，从来没有发生过

---

① В Челябинске состоялась ознакомительная встреча глав регионов государств-членов ШОС//Агентство международного сотрудничества Челябинской области, 6 декабря 2018 г. URL: https://www.ica74.com/v-chelyabinske-sostoyalas-oznakomitelnaya-vstrecha-glav-regionov-gosudarstv-chlenov-shos/.

② В Кашмире уничтожили организатора атаки на военную колонну//РИА Новости, 18 февраля 2019 г. URL: https://www.ria.ru/20190218/1551005704.html.

③ Самолеты ВВС Индии и Пакистана сошлись в воздушном бою на границе двух стран//Известия, 28 февраля 2019 г. URL: https://www.iz.ru/851418/2019-02-28/samolety-vvs-indii-i-pakistana-soshlis-v-vozdushnom-boiu-na-granitce-dvukh-stran.

成员国之间的严重武装冲突，上海合作组织也从没有遇到过这种问题。印巴冲突第一次把上海合作组织置于这种形势之下。

印巴冲突有损上海合作组织的威望和信誉。冲突不仅恶化了印巴关系，而且印巴作为上海合作组织的两个新的和重要的成员国，它们的冲突也破坏了上海合作组织的内部团结。印巴是南亚的两个大国，它们之间发生冲突对于上海合作组织在南亚地区的合作与发展不能不形成障碍，在地区反恐问题上的合作也受到限制。

不过，印巴冲突对上海合作组织的影响有一定限度，不会对上海合作组织的整体状况造成改变，也不会改变它的基本发展方向和议事日程。

2019年，上海合作峰会在吉尔吉斯斯坦召开。① 上海合作组织既不能对两个成员国发生冲突视而不见，但也不能让印巴冲突干扰上海合作组织的合作，更不能让这一问题主导峰会的议程。

上海合作组织应坚持不介入双边矛盾的做法，不把双边问题放进议事日程上，不把上海合作组织变为解决双边矛盾的平台。如果介入双边矛盾，必然会使上海合作组织变成争论不休的场所，使上海合作组织偏离合作的主道。客观地说，像印度和巴基斯坦这样的双边问题极其复杂，上海合作组也没有能力解决。

上海合作组织可以为印度和巴基斯坦的交流沟通提供方便和可能，但不能允许把上海合作组变为两国争吵的场所。

（二）在多边机制内拓宽合作：金砖国家、东亚峰会、亚太峰会、亚欧会议

2018年，就联合国议事日程的一系列问题深化合作是中俄在国际层面双边合作的主要任务。此外，两国继续在其他国际组织及多边对话平台保持紧密联系，包括在国家元首和政府首脑的对话平台上。

---

① Следующий саммит ШОС пройдет в Киргизии//РИА Новости, 10 июня 2018 г. URL: https://www.ria.ru/20180610/1522483380.html.

2018年7月26日，在金砖国家约翰内斯堡峰会期间，习近平主席与普京总统进行了会面。2018年11月15日，在东亚峰会和新加坡东盟峰会期间，国务院总理李克强与普京会面。会面期间，双方讨论了中俄全面战略合作伙伴关系的发展前景，以及中俄双边经贸合作的发展。① 2018年12月1日，在布宜诺斯艾利斯二十国集团峰会期间，习近平、普京和莫迪举行了中俄印三方会谈。

中国和俄罗斯都欢迎金砖国家合作机制的持续发展，认为金砖国家为世界经济可持续增长、完善全球治理和国际关系民主化做出了贡献。中俄将继续在亚洲地区的权威平台上开展合作，包括亚信会议、东亚峰会、东盟安全区域论坛、东盟防长扩大会议和亚欧会议。中俄两国的共同立场是在亚太地区形成开放、全面、透明的区域安全架构，这成了两国合作的基础。

（三）中俄在保障地区稳定与安全中的合作

中俄两国在朝鲜半岛、阿富汗、中东、北非等重要国际问题上持相同或相似立场。在此基础上，两国在国际事务中紧密合作，中俄意识到两国对亚太地区事务负有特别责任。两国愿同其他伙伴一道，努力为本地区的未来更加稳定和安全做出贡献。

对于导致本地区紧张的新或旧的根源，中俄两国的立场是努力寻找不使任何国家利益受损的方案。中俄两国在2016年6月签署的《关于加强全球战略稳定的联合声明》中表明了不损害他国利益的基本原则。在这个声明中，中俄阐述了战略稳定的基本特点，其中特别强调，所有国家和组织在使用武力和强制措施时必须严格遵守国际法和《联合国宪章》的原则和规范。

从这一立场出发，2018年中俄在朝鲜半岛无核化问题上继续开展合作。中俄多年来在解决朝鲜半岛问题上进行合作，2018年的重

---

① Встреча с Премьером Госсовета КНР Ли Кэцяном//Президент России, 15 ноября 2018 г. URL: http://www.kremlin.ru/events/president/news/59130.

要事件是当年10月9日中俄朝三国副外长在莫斯科的会面。会后发表了联合公报，表明了三方解决朝鲜半岛问题的共同立场。① 三国一致认为，只能通过政治外交手段和平解决朝鲜问题，坚决反对单方面施加制裁。

中俄还在联合国安理会相互协作，以为朝鲜半岛和平进程注入新动力，同时两国继续与其他伙伴就朝鲜半岛问题开展对话，首先是美国和韩国。② 中俄两国肯定了韩朝两国领导人为恢复双边关系所做的努力。此外，朝美关系正常化也是调节半岛问题的重要因素。③ 中俄希望朝美两国能通过双边会谈或由联合国安理会协助达成理智的妥协。④

中俄认为，解决朝鲜半岛问题是一个由多方面因素组成的过程，在朝方中止导弹试验的同时，也需要对方的相应让步，包括逐步解除对朝制裁，乃至提供安全保证。⑤ 2018年6月特朗普与金正恩会面后，朝韩两国提出了在朝鲜无核化的同时，逐步取消对朝制裁。⑥ 联合国安理会对朝制裁已经成为朝美无核化谈判的障碍，同时也影响了朝韩对话进程。制裁的目的应是推进和平对话，在局势缓和后应逐步放宽制裁。为了恢复铁路交通项目，2018年11月24日联合国安理会取消了对朝鲜的相关制裁，美国此前曾对此表示反对。⑦

---

① Совместное информационное коммюнике о трехсторонних консультациях заместителей министров иностранных дел РФ, КНР и КНДР//МИД России, 10 октября 2018 г. URL: http://www.mid.ru/foreign_policy/news/-/asset_publisher/cKNonkJE02Bw/content/id/3370331.

② РФ и Китай скоординируют действия по ситуации на Корейском полуострове//Российская газета, 4 апреля 2019 г. URL: https://www.rg.ru/2019/04/04/rf-i-kitaj-skoordiniruiut-dejstviia-po-situacii-na-korejskom-poluostrove.html.

③ Заявление для прессы по итогам переговоров с Председателем КНР Си Цзиньпином//Президент России, 11 сентября 2018 г. URL: http://www.kremlin.ru/events/president/news/58528.

④ Корейский полуостров: ставка на Россию//Международная жизнь, 18 сентября 2018 г. URL: https://www.interaffairs.ru/news/show/20567.

⑤ Сингапурский саммит: начало долгого пути//Международная жизнь, 18 июня 2018 г. URL: https://www.interaffairs.ru/news/show/20051.

⑥ Трудности и надежды корейского урегулирования//Международная жизнь, 16 августа 2018 г. URL: https://www.interaffairs.ru/news/printable/20358.

⑦ СБ ООН ослабил санкции против КНДР ради проекта с Сеулом//Deutsche Welle, 24 ноября 2018 г. URL: https://www.dw.com/ru/сб-оон-ослабил-санкции-против-кндр-ради-проекта-с-сеулом/a-46436552.

此外，中俄两国认为，必须签署终战声明，这将作为新和平机制的基础，它将改变现有法律框架，保障朝鲜半岛安全。在此之后，各方应签署和平协议，中俄可作为和平协议的担保国。

在中俄东北亚安全磋商期间，除了朝鲜问题外，各方还谈论了一系列区域安全问题。本次磋商会由中国外交部副部长孔铉佑与俄罗斯外交部副部长莫尔古洛夫共同主持。在过去的一年里共举行了6次磋商会议。①

中俄两国在反恐领域也建立了定期磋商机制。2018年12月18日，中俄第二次副外长级反恐安全磋商在北京举行。中国外交部部长助理张汉晖、俄罗斯副外长奥列格·瑟罗莫洛托夫出席会议，就国际和区域恐怖主义威胁交换意见，交流两国反恐动态。双方达成广泛共识，指出必须建立广泛反恐阵线，打击"伊斯兰国"、"基地"组织、"东伊运"等恐怖组织。此外，双方再次强调，反恐斗争必须坚持以联合国为协调核心，遵守国际法的基本准则，反对双重标准，秉承能带来实际成效的伙伴合作的精神。②

2018年5月29日，俄罗斯副外长莫尔古洛夫在第四届"中国与俄罗斯：新时代的合作"智库高端论坛致辞中指出，当前本地区使各国分离的边界变得模糊，出现了和欧洲大西洋地区截然不同的国际合作新模式。亚太地区的合作重点不是统一化和虚伪的包容，而是在不同政治制度和生活方式的基础上推行建设性合作，避免冲突。中俄认为，不应以结盟的形式应对亚太地区现有威胁，而应当缓和

---

① Посол России в КНР：российско-китайское сотрудничество-стабилизирующий фактор в нынешнем турбулентном мире//Интерфакс, 9 января 2019 г. URL：https：//www.interfax.ru/interview/645268.

② О консультациях заместителя Министра иностранных дел РФ О. В. Сыромолотова с помощником Министра иностранных дел КНР Чжан Ханьхуэй по вопросам борьбы с международным терроризмом//МИД России, 18 декабря 2018 г. URL：http：//www.mid.ru/ru/maps/cn/-/asset_publisher/WhKWb5DVBqKA/content/id/3448305.

政治军事局势，并制定共同的"游戏规则"。①

（四）欧亚经济联盟与"一带一路"对接和大欧亚伙伴关系的前景

建设大欧亚伙伴关系的目的在于维持欧亚地区长远和平，促进地区可持续发展。为此，需要就形成经贸合作优惠机制进行磋商，推动运输、信息和能源基础设施发展，促进各国发展规划融入国际生产技术合作，向形成公正的金融货币关系体系发展。大欧亚伙伴关系的基础是灵活的法律规范体系和共同项目及机制，这些项目和机制应符合所有参与国的利益，并基于自愿原则。大欧亚伙伴关系一体化应在各层次以不同的速度分别推进，参与国有选择所承担义务范围的自由。②

目前，大欧亚伙伴关系主要内容是欧亚经济联盟与"一带一路"的对接。③不仅必须建设欧亚经济联盟交通走廊，而且要在开展互利投资和项目合作基础上制定渐进合作纲要。为此，各方需在贸易、海关、金融和基础设施领域制定扶持政策，这需要所有成员国政府及相关企业互相协调，共同开展工作。④

2018年，欧亚经济联盟与"一带一路"对接不断加速。截至2018年，中国与欧亚经济联盟国家贸易额增至1263亿美元，涨幅达

---

① Выступление на Четвертой международной конференции 《Россия и Китай：сотрудничество в новую эпоху》/РСМД，30 мая 2018 г. URL：https：//www. russiancouncil. ru/analytics-and-comments/comments/vystuplenie-na-chetvertoy-mezh dunarodnoy-konferentsii-rossiya-i-kitay-sotrudnichestvo-v-novuyu-epokh/.

② Сергей Глазьев：《Большое евразийское партнерство создаст основу для формирования более гармоничного технологического и институционального мироустройства》//Звезда，14 марта 2019 г. URL：https：//www. zvezdaweekly. ru/news/t/2019313107 – 2Yqsz. html.

③ Статья Владимира Путина 《XXV саммит АТЭС в Дананге：вместе к процветанию и гармоничному развитию》//Президент России，8 ноября 2017 г. URL：http：//www. kremlin. ru/events/president/news/56023.

④ Министр ЕЭК Сергей Сидорский：《Большое Евразийское партнерство вокруг ядра ЕАЭС-Китай-эффективный ответ на вызовы в мировой экономике》//Евразийская экономическая комиссия，4 июля 2018 г. URL：http：//www. eurasiancommission. org/ru/nae/news/Pages/4 – 07 – 2018 – 2. aspx.

22.9%，占欧亚经济联盟贸易总额的16.76%。[1] 2018年5月17日阿斯塔纳经济论坛期间，中国与欧亚经济联盟成员国签署了经贸合作协议。[2] 协议中特别强调了需要发展包括铁路运输在内的交通基础设施。签署协议的目的在于降低非关税限制，这对简化贸易流程有重要意义。[3]

2019年，中国和欧亚经济联盟计划继续在贸易政策领域开展合作。双方计划签署《欧亚经济联盟与中国国际运输货物和交通工具信息交换协定》，[4] 这将推动跨境商品流的分析工作，减少商品流动的障碍。

中国对欧亚经济联盟一体化抱有兴趣，并提供投资。例如，2018年中国向俄罗斯对外经济银行提供了约100亿美元。[5] 中国还在欧亚经济联盟成员国实施了一系列项目，其中多数是交通基础设施建设项目。[6] 这些项目将主要推动"一带一路"项目的推进，同时对欧亚经济联盟一体化进程也有积极影响。

交通基础设施仍将是关键方向。如果没有各国的通力合作，则无法在欧亚经济联盟境内顺利开展货物运输。要缩短运输时间，必须分析运输流，找出其中的"瓶颈"。部分成员国的交通干道由于通

---

[1] Внешняя торговля ЕАЭС по странам////Евразийская экономическая комиссия. URL：http：//www.eurasiancommission.org/ru/act/integr_i_makroec/dep_stat/tradestat/tables/extra/Documents/2018/12/E201812_2_1.pdf.

[2] Подписано соглашение о торгово-экономическом сотрудничестве между ЕАЭС и КНР//Евразийская экономическая комиссия，17 мая 2018 г. URL：http：//www.eurasiancommission.org/ru/nae/news/Pages/17-05-2018-5.aspx.

[3] Сопряжение《Пояса и пути》и ЕАЭС：перспективы инфраструктурных проектов//Ритм Евразии，24 января 2018 г. URL：https：//www.ritmeurasia.org/news—2018-01-24—soprjazhenie-pojasa-i-puti-i-eaes-perspektivy-infrastrukturnyh-proektov-34607.

[4] ЕАЭС и Китай договорились направить проект Соглашения об обмене таможенной информацией на внутригосударственные процедуры//Евразийская экономическая комиссия，18 декабря 2018 г. URL：http：//www.eurasiancommission.org/ru/nae/news/Pages/18-12-2018-2.aspx.

[5] Сопряжение ЕАЭС и Шелкового пути：Китай меняет стратегию//Евразия Эксперт，4 декабря 2018 г. URL：http：//www.eurasia.expert/sopryazhenie-eaes-i-shelkovogo-puti-kitay-menyaet-strategiyu/.

[6] ЕАЭС и Китай：риски сопряжения//StanRadar，18 октября 2018 г. URL：http：//www.stanradar.com/news/full/31491-eaes-i-kitaj-riski-soprjazhenija.html.

过能力低下，在多个运输方向上存在问题。在中国过境货物量不断增加的情况下，如果各成员国不能解决自己的问题，则会影响运输基础设施建设和合作的经济效率。基础设施的发展可大幅降低运输费用。现在一些项目的部分费用是由国家承担。例如，2019 年，为扶持本国生产商，俄罗斯计划增加对中国的粮食出口，俄罗斯出口中心准备补偿运输费用的一半费用。①

交通基础设施领域的合作不应是中国和欧亚经济联盟合作的唯一方向。一项有前景的工作是为参与欧亚经济联盟和"一带一路"对接的企业和机构建立交流平台。相互对对方国家营商环境的不熟悉是造成相互不理解的重要原因。欧亚经济联盟可以倡议与中方伙伴共同研究，提供有关两国经贸运作特点的材料。②

在 2019 年 4 月 25—27 日，在北京举办的第二届"一带一路"高峰论坛期间，也讨论了带盟对接问题。俄罗斯总统普京出席了本届论坛。论坛期间共签署 283 份协议，总价值 640 亿美元。③

（五）中俄在北极

2018 年 1 月，中国政府发表了《中国的北极政策》白皮书，明确了中国北极政策的宗旨、目标和政策方针。④

目前，中国参与北极合作和北极治理的主要方向是北极国际治

---

① Сделано в России, куплено в Китае//Российская газета, 11 февраля 2019 г. URL：https：//www.rg.ru/2019/02/11/eksport-rossijskih-tovarov-v-kitaj-vpervye-za－13－let-prevysil-import.html.

② Подобная практика уже частично реализуется. См.：Аналитический отчет《Рынок Китая：вопросы доступа》//Фонд《Росконгресс》，2017. URL：http：//www.apec-center.ru/wp-content/uploads/2017/09/%D0%A0%D1%8B%D0%BD%D0%BE%D0%BA-%D0%9A%D0%B8%D1%82%D0%B0%D1%8F-%D0%B2%D0%BE%D0%BF%D1%80%D0%BE%D1%81%D1%8B-%D0%B4%D0%BE%D1%81%D1%82%D1%83%D0%BF%D0%B0.pdf.

③ На форуме в Пекине заключено 283 соглашения на ＄64 млрд//Коммерсант, 27 апреля 2019 г. URL：https：//www.kommersant.ru/doc/3959885.

④ Чжунгодэ бэйцзи чжэнцэ байпишу（цюаньвэнь）［Белая книга по арктической политике Китая（полный текст）］//Чжунхуа Жэньминь Гунхэго Гоуюань Синьвэнь Баньгунши, 26 января 2018 г. URL：http：//www.scio.gov.cn/zfbps/32832/document/1618203/1618203.htm.

理；推动北极多元治理，而不是少数国家主导的排他性治理；建设冰上"丝绸之路"；参加北极航道的建设；促进航道沿岸地区经济合作。

俄罗斯在开发北极过程中提出了下列优先任务：社会经济的全面发展；科技发展；现代化信息通信基础设施建设；保障生态安全；推动北极地区国际合作；保障军事安全；保护俄罗斯北极地区边境安全。[1] 2018年5月，俄罗斯总统普京签署了《2024年前俄联邦发展国家目标和战略任务》总统令，其中针对北极地区提出了重大任务。总统令规定，至2024年前将北方海路的货物吞吐能力提升至每年8000亿吨。此外，总统令中还规定，需在提升北方海路沿线国际运输中转能力。由于中国同样高度关注北方海路，中方海运企业也将积极参与其中。

北极合作已经是中俄两国全面战略协作伙伴关系的重要内容，[2] 近年来也已经取得了相当成就。2018年6月普京访华期间，两国领导人在签署的《中华人民共和国和俄罗斯联邦联合声明》中指出，中俄两国将深化在北极地区合作，保障地区可持续发展。为此，两国将推动相关机构、机关和企业间合作，开展共同科研项目、落实交通和能源基础设施共同项目、开发利用北方海路潜能、推动旅游业发展和保障当地生态环境。[3]

2018年11月，俄罗斯总理梅德韦杰夫与国务院总理李克强在例行会面时指出，中俄双方应促进北极地区合作，推动北极航道的开发，对地区基础设施进行现代化，开展共同科研项目。

能源合作是中俄北极合作的重要内容。中国投资方正积极参与

---

[1] Стратегия развития Арктической зоны Российской Федерации и обеспечения национальной безопасности на период до 2020 года//Официальный сайт Администрации Санкт-Петербурга. URL: https://www.gov.spb.ru/static/writable/ckeditor/uploads/2018/05/14/Стратегия%20развития%20Арктической%20зоны%20России.pdf.

[2] Совместное заявление РФ и КНР о дальнейшем углублении отношений всеобъемлющего партнерства и стратегического взаимодействия//Президент России, 4 июля 2017 г. URL：http://www.kremlin.ru/supplement/5218.

[3] Совместное заявление Российской Федерации и Китайской Народной Республики//Президент России, 8 июня 2018 г. URL: http://www.kremlin.ru/supplement/5312.

"亚马尔液化天然气"项目。此外,航道和港口基础设施合作也是中俄北极合作的重要领域。北方航道是北极地区的交通要道,在未来对中国航运发展意义重大。俄罗斯方面有改造沿线基础设施的巨大需求,两国可针对这一方向开展共同项目合作。例如,中方企业有意加入阿尔汉格尔斯克深水港项目。[①] 此外,中俄两国科研合作不断深化,两国在北极地区积极开展科研项目。除了双边交流合作外,中国近年来在国际北极科学委员会、北极理事会等多边框架内也积极与俄罗斯开展北极科研合作,加强有关北极陆地和海洋认知的科研交流。

俄罗斯专家认为,2019年5月冰岛担任北极理事会轮值主席国后,中国在该组织内的影响力将进一步提升,因为中冰关系比较特殊。金融危机后,中国与冰岛的经济、文化和政治关系不断加强,中国拨款支持冰岛的经济增长,而冰岛为中国开发国际海洋贸易潜力建言献策。

中俄北极合作也存在一些问题,其中之一是商业开发价值存在不确定性。北极海冰减少的趋势并不是线性的,而是有所反复的,航道完全具有商业价值从海冰变化趋势还看不出有比较明确的时间,而且即便未来通航时间可以扩大,其商业价值是否一定能够体现?现在包括中国航运公司在内的各国一些航运公司都在进行各种试航,航运成本的构成非常复杂,很难得出必然可以取代传统航线的结论。

中国专家认为,虽然中俄两国在北极合作问题上达成了良好的共识,但俄罗斯对中国作为一个北极域外国家参与北极事务仍然在某些方面有所保留。特别是中国学者和航运公司认为,俄罗斯在极地地区的航运通道管理方式存在不妥之处。中方认为,俄罗斯2013年批准的《北方海航道航行规则》[②]中对航道实行严格管控,这不

---

① Чжун э бэйцзи кэчисюй фачжань хэцзо: тяочжань юй луцзин [Российско-китайское сотрудничество в области устойчивого развития Арктики: проблемы и возможности] //Гоцзи вэньти яньцзю, 25 июля 2018 г. URL: http://www.ciis.org.cn/gyzz/2018 - 07/25/content _ 40434346. htm.

② Приказ Минтранса России от 17 января 2013 года № 7 《Об утверждении Правил плавания в акватории Северного морского пути》//Министерство транспорта РФ, 22 января 2013 г. URL: https://www.mintrans.ru/documents/3/2914.

利于吸引他国航运公司。而俄罗斯专家认为，俄罗斯在北极地区问题上持保守立场的原因在于：如果中国投资中不包含推动当地社会发展的内容，则俄属北极地区的社会环境将十分脆弱。不仅如此，有专家担心，如果给予中国优惠条件参与俄罗斯北极地区大型原材料项目，中国在俄属北极地区的商业存在将进一步扩大。

要解决上述问题，需要中俄两国共同努力。中国有意在开发北极问题上与俄罗斯进行合作。两国相关机构已经建立工作小组，并就签署中俄北极开发合作备忘录开展谈判，一旦落实，该文件将为两国在北极地区未来合作提供制度性框架。①

四、中俄军事和军事技术合作

（一）2018 年中俄军事技术合作

2018 年中俄军事合作首次受到美国影响。2018 年 9 月，根据先前通过的《以制裁反击美国敌人》法案（CAATSA），美国财政部称，因中国向俄罗斯购买了"苏－35"战斗机和"S－400"防空导弹，对中国实施制裁。②

值得注意的是，法案虽于 2017 年签署，但是具备追溯效应，中俄两国于 2015 年签订"苏－35"战斗机购买协议，③ 于 2014 年签订"S－400"防空导弹购买协议。④ 在 CAATSA 法案通过时，两份价值

---

① Россия и Китай разрабатывают меморандум о совместном освоении Арктики//ТАСС, 15 мая 2018 г. URL：https：//tass. ru/mezhdunarodnaya-panorama/5200505.

② CAATSA Section 231： "Addition of 33 Entities and Individuals to the List of Specified Persons and Imposition of Sanctions on the Equipment Development Department" //U. S. Department of State, September 20, 2018. URL：https：//www. state. gov/r/pa/prs/ps/2018/09/286077. htm.

③ Россия и Китай подписали контракт на поставку Су－35//РИА Новости, 19 ноября 2015 г. URL：https：//www. ria. ru/20151119/1323964718. html.

④ Подписан контракт на поставку в Китай российско-китайских зенитных систем С－400// Ведомости, 26 ноября 2014 г. URL：https：//www. vedomosti. ru/politics/articles/2014/11/26/triumf-budet-kitajskim.

不菲的协议均已执行。由此可见，制裁的目的并不是改变中俄军事技术合作。

从实际角度来说，美国施加的制裁并未对中国购买外国军事装备造成显著影响。1989年以后，美欧对中国的制裁至今未取消，这使美国拒绝与中国进行进行进行军事技术合作，欧盟限制与中国军事技术合作。美国对中国的新制裁应放到2018年春季以来中美矛盾激化的背景下来看待。

中国也确实是从这一背景来理解美国的行为。中方通过外交抗议回应美方的决定，中国人民解放军海军司令员沈金龙中将取消了原定的访美行程，原定于在北京举行的军事会谈宣告延期。[1]

由于俄美关系持续恶化，中美关系遭遇危机，中俄军事和军事技术合作愈加紧密。中国明确将继续与俄罗斯发展军事合作，[2] 俄罗斯也确信与中国的军事合作将继续。[3] 2018年，由于美国对俄制裁压力的增强，中俄两国军事合作转向采用本币结算。[4]

2018年中俄军事合作贸易额尚未公布。2018年11月，俄联邦军事技术合作局局长舒加耶夫表示，目前中国与俄罗斯签订了价值70亿美元的协议。此外，过去5年间中国在俄罗斯军备出口中占比增加了2倍，[5] 达到15%。[6]

值得指出的是，2016年年末，俄罗斯"Rostech"技术集团披

---

[1] Ankit Panda. China Postpones Military-To-Military Talks with US after CAATSA Sanctions//The Diplomat, November 21, 2017. URL：https：//www.thediplomat.com/2018/09/china-postpones-military-to-military-talks-with-us-after-caatsa-sanctions.

[2] МИД КНР сделал США представление в связи с санкциями за сотрудничество с РФ//ТАСС, 21 сентября 2018 г. URL：https：//www.tass.ru/mezhdunarodnaya-panorama/5589439.

[3] Приходько：причин для свертывания ВТС России и Китая нет//РИА Новости, 5 ноября 2018 г. URL：https：//www.ria.ru/20181105/1532131088.html.

[4] Россия《отвяжет》оружейные сделки от доллара. Идею поддержали страны-партнеры//Фонтанка. Ру, 24 августа 2018 г. URL：https：//www.fontanka.ru/2018/08/24/038/.

[5] ВТС России и Китая за 5 лет выросло втрое//Вести Экономика, 7 ноября 2018 г. URL：https：//www.vestifinance.ru/videos/43701.

[6] На Китай приходится более 15% портфеля заказов России в сфере ВТС//Коммерсант, 6 ноября 2018 г. URL：https：//www.kommersant.ru/doc/3792153.

露，来自中国的订单总额达到80亿美元。① 2018年3月，俄罗斯总统助理科任说，中国订单总额达到65亿美元。②

此外，自2016年起，中俄加快落实已签订协议，包括"苏-35"战斗机和"S-400"导弹。其中，俄罗斯于2016年向中国交付4架"苏-35"战斗机，于2017年和2018年分别交付10架，2018年10月该订单正式完成。③ 2014年俄罗斯向中国交付了2套"S-400"导弹中的一套，另一套预计将于2019年夏季交付。④ "S-400"导弹订单价值预计超过20亿美元，"苏-35"订单价值超过25亿美元。

中俄两国稳步推进军事合作，这表明双方有可能签署大额新订单，然而目前双方尚未透露相关细节。中俄两国继续落实航空发动机等小额订单，以及对已交付军备提供维修、更新和保养服务。

2018年秋季，中俄签订三项重大军备购买协议，不过双方未透露协议细节。⑤ 可以推测，俄罗斯每年预计将向中国交付价值20亿—30亿美元的订单。

中俄政府间军事技术合作混合委员会第23次会议于2018年10月举行。按照惯例，会议议程和决议没有对外公开。不过，会后中国国家主席习近平接见了该委员会俄方主席、俄罗斯国防部长绍伊古，这表明会上双方达成了重要成果。此外，习近平也指出，会议十分成功。⑥ 据悉，会面期间，绍伊古向中央军委副主席张又侠提

---

① Портфель заказов Китая на российское вооружение превысил 8 млрд долл.//Мировое обозрение, 1 ноября 2016 г. URL: https://www.tehnowar.ru/51443 - portfel-zakazov-kitaya-na-rossiyskoe-vooruzhenie-prevysil-8-mlrd.html.

② Портфель заказов на поставку в КНР российского оружия составляет около 6,5 млрд долл.-помощник президента по ВТС//Финмаркет, 12 марта 2018 г. URL: http://www.finmarket.ru/news/4731255.

③ Россия завершила поставку Су-35 в Китай//Российская газета, 28 ноября 2018 г. URL: https://www.rg.ru/2018/11/28/rossiia-zavershila-postavku-su-35-v-kitaj.html.

④ Источник: РФ завершит поставку Китаю двух полковых комплектов С-400 летом 2019 года//17 марта 2016 г. URL: https://www.tass.ru/armiya-i-opk/2746717.

⑤ Россия и Китай подписали три новых оружейных контракта//Интерфакс, 6 ноября 2018 г. URL: https://www.interfax.ru/world/636697.

⑥ Си Цзиньпин назвал успешными результаты заседания межправкомиссии России и Китая по ВТС//ТАСС, 19 октября 2018 г. URL: https://www.tass.ru/mezhdunarodnaya-panorama/5695124.

议，就改善世界动荡地区局势开展会谈，特别是叙利亚问题和利比亚问题。①

（二）2018年中俄军事合作

中国参与俄罗斯"东方－2018"战略军事演习成为中俄军事合作的重要事件。俄罗斯每年会在其境内四个军事区之一进行战略演习。到目前为止，俄罗斯只邀请过其集安组织的盟友白俄罗斯和哈萨克斯坦参加过这一演习。

"东方－2018"战略军事演习在俄罗斯外贝加尔边疆区的楚戈尔训练场举行，中方参演兵力大约3500人，共派出24架直升机和6架"JH－6A"轰炸机。②此外，蒙古国派遣小规模军队参与了演习。根据俄罗斯媒体不完整的报道，在演习场设立了中国人民解放军北部战区的指挥点，并配备了自动化管理系统。③ 中俄军队尝试了指挥系统的一体化和数据自动交换。演习结束后，双方表示有意将这一合作长期化。

中国参与本次演习引起了巨大反响。国际社会认为，这是中俄军事合作进一步深化的表现。此外，俄罗斯总统新闻秘书佩斯科夫表示，演习显示了"两个盟友全领域合作的发展"④。应该指出，目前中俄高层并未做出改变中俄军事关系现状的政治决策。两国没有不结盟的原则性观点。但如果国际军事政治局势急剧恶化，两国保

---

① Си Цзиньпин назвал успешными результаты заседания межправкомиссии России и Китая по ВТС//ТАСС, 19 октября 2018 г. URL: https://www.tass.ru/mezhdunarodnaya-panorama/5695124.

② Встреча вдали от столиц: министры обороны России и Китая посетили полигон Цугол//Звезда, 12 сентября 2018 г. URL: https://www.tvzvezda.ru/news/forces/content/201809122354-fz37.htm.

③ Министры обороны России и Китая проверили работу пунктов управления войсками на маневрах 《Восток－2018》//Звезда, 12 сентября 2018 г. URL: https://www.tvzvezda.ru/news/forces/content/201809121525-mil-ru-rvvao.html.

④ Песков объяснил участие Китая в учениях 《Восток－2018》//РИА Новости, 28 августа 2018 г. URL: https://www.ria.ru/20180828/1527359944.html.

留在军事领域开展共同行动的可能。

2018年8月，每两年举办一次的上海合作组织"和平使命"联合军演于俄罗斯车里雅宾斯克州举行，上海合作组织新成员国印度和巴基斯坦首次参加，乌兹别克斯坦多年来也首次派出了观察员。此外，本次军演参演人数达3000人，出动超过500台装备。然而，出席军演的总人数少于中国参加"东方-2018"军演的人数。①

2018年年初宣布的②"海上联合-2018"年度黄海海上军演因故未能举行。这是自2012年来这一演习的首次中止或取消。据推测，演习取消的原因可能是俄罗斯方面未能在规定时间内组建起演习所需的舰队。作为弥补，2018年10月底中俄在青岛港进行了短期联合军演，俄罗斯调遣了部分太平洋舰队（导弹巡洋舰"瓦良格"、大型反潜舰"潘捷列耶夫海军上将"、"鲍里斯·布托姆"号油轮）短期停靠青岛港。本次军演的主题是建立海上通信和海上调度演习。③ 由此看，俄罗斯海军军舰老化、叙利亚局势以及参与索马里沿岸作战带来的重重压力等因素妨碍了中俄这一传统合作。

2019年4月29日—5月4日，中俄两国于山东省举行了"海上联合-2019"联合军演。参演的装备包括2艘潜水艇、13艘水面舰、7架飞机、4架直升机和80名海军陆战队员。④

此外，俄罗斯武装力量总参谋部与中共中央军委联合参谋部定期开展磋商。2018年5月第20轮磋商于北京举行，出席会议的包括

---

① На Урале начинаются международные учения стран ШОС《Мирная миссия-2018》//РИА Новости, 22 августа 2018 г. URL：https://www.ria.ru/20180822/1526977543.html.

② Учения РФ и Китая《Морское взаимодействие-2018》пройдут в Желтом море//Корабел.ру, 26 апреля 2018 г. URL：https://www.korabel.ru/news/comments/ucheniya_rf_i_kitaya_morskoe_vzaimodeystvie_-_2018_proydut_v_zheltom_more.html.

③ Корабли Тихоокеанского флота покинули китайский порт Циндао//Корабел.ру, 25 октября 2018 г. URL：https://www.korabel.ru/news/comments/korabli_tihookeanskogo_flota_pokinuli_kitayskiy_port_cindao.html.

④ В учениях Китая и России《Морское взаимодействие》примут участие до 15 кораблей//ТАСС, 25 апреля 2019 г. URL：https://www.tass.ru/mezhdunarodnaya-panorama/6374976.

中国中央军委联合参谋部副参谋长邵元明、俄罗斯武装力量总参谋部第一副参谋长兼作战总局局长鲁茨科伊。①

总体而言，在中美和俄美关系恶化的背景下，2018年中俄在军事和军事技术领域的合作不断深化。2019年双方将落实新签署的军事技术合作合同，其中相当大部分涉及为共同研发，以寻求在军事技术领域取得突破为方向。2019年正值中华人民共和国成立70周年和中俄建交70周年，两国会借此机会发表新的共同声明和倡议。中俄将继续开展联合战略演习，重启大型海上联合军演。2019年以来，由于美国退出《中导条约》，在新发布的《2019美国导弹防御评估》②中将中国和俄罗斯列为敌人，把中俄作为美国反导项目的对象，中俄需要更加积极地探索军事合作新领域。

五、中俄经贸合作发展

2018年中俄贸易合作不断深化。从中期来看，得益于一系列内外因素，这一趋势将继续保持。中俄两国坚持现有政治方针，致力于将经济合作提上新水平，这是中俄两国贸易稳步发展的重要内部因素。而西方对俄罗斯实施经济制裁、美国对华政策趋于严厉是促使中俄发展经贸合作和拓宽投资来源的外部因素。中俄两国将通过落实一系列有针对性的共同项目加强合作，提升国际效应，在多个领域齐头并进。当前，选择合适的项目并进行落实是中俄两国相关机构面临的重要任务。

2018年两国签署了一系列文件，为双边协议奠定法律基础。俄

---

① В Пекине состоялся 20 - й раунд стратегических консультаций между вооруженными силами Китая и России//Китайский информационный Интернет-центр, 30 мая 2018 г. URL: http://www.russian.china.org.cn/china/txt/2018 - 05/30/content_51534352.htm.

② Trump's Missile Defense Review Will Be Read Closely in China//The Diplomat, January 26, 2019. URL: https://www.thediplomat.com/2019/01/trumps-missile-defense-review-will-be-read-closely-in-china/.

罗斯远东发展部与中国商务部签署了《中俄在远东地区合作发展规划（2018—2024年）》，并签署相应谅解备忘录。[1] 此外，双方也签署了《中国东北地区和俄罗斯远东及贝尔加地区农业发展规划》[2]《关于建立中国东北地区和俄罗斯远东及贝加尔地区实业理事会的谅解备忘录》[3]《关于服务贸易领域合作谅解备忘录》[4]《中华人民共和国海关总署和俄罗斯联邦海关署关于规范世界电子商务框架下进出境货品通关监管次序的备忘录》[5]《政府间国际道路运输协定》[6] 等。此外中俄两国建立了保障全面合作发展的新机制，包括中国东北地区和俄罗斯远东及贝加尔地区实业理事会、中俄地方经贸投资合作论坛[7]、中俄国际技术转移中心（青岛分中心）[8] 和中俄中医药创新发展联盟。[9]

---

[1] Чжун э цзай элосы юаньдун дицюй хэцзо фачжань гуйхуа（2018 - 2024）［Российско-китайский план сотрудничества и развития на Дальнем Востоке（2018 - 2024）］//Чжунхуа жэньминь гунхэго шанубу ванчжань, 15 ноября 2018 г. URL: http://www.images.mofcom.gov.cn/www/201811/20181115164728217.pdf.

[2] Россия и КНР планируют развивать сельское хозяйство на Дальнем Востоке//Министерство Российской Федерации по развитию Дальнего Востока, 7 ноября 2018 г. URL: https://www.wminvr.ru/press-center/news/19653.

[3] Документы, подписанные в ходе рабочего визита Председателя КНР Си Цзиньпина в Российскую Федерацию//Президент России, 11 сентября 2018 г. URL: http://www.kremlin.ru/supplement/5341/print.

[4] Россия и Китай подписали Меморандум о взаимопонимании по вопросам сотрудничества в области торговли услугами//Министерство экономического развития РФ, 7 ноября 2018 г. URL: http://www.economy.gov.ru/minec/about/structure/depasiaafrica/201807111.

[5] Россия и Китай подписали меморандум о совершенствовании таможенного регулирования электронной торговли//ФТС России, 13 ноября 2018 г. URL: http://www.customs.ru/index.php?option = com_content&view = article&id = 26994: 2018 - 11 - 13 - 11 - 35 - 37&catid = 40: 2011 - 01 - 24 - 15 - 02 - 45.

[6] РФ и Китай подписали соглашение о международном автомобильном сообщении//ТАСС, 8 июня 2018 г. URL: https://www.tass.ru/ekonomika/5275158.

[7] Российско-китайский форум открылся в Приморье//Официальный сайт Администрации Приморского края, 23 ноября 2018 г. URL: https://www.primorsky.ru/news/153870/.

[8] Чжун э гоцзи цзишу чжуаньи чжунсинь циндао фэньчжунсинь лоху шибэй［Российско-китайский международный центр передачи технологий, филиал в Циндао］//China Hightech, 31 июля 2018 г. URL: http://www.chinahightech.com/html/chuangye/kjfw/2018/0731/480662.html.

[9] В Москве учрежден российско-китайский Союз традиционной китайской медицины//РИА Новости, 26 ноября 2018 г. URL: https://www.ria.ru/20181126/1533501104.html.

（一）中俄双边贸易发展

2018年中俄贸易额达到历史最高水平，达1070.568亿美元（参见图1），[①] 增幅达27.1%。尽管2015年至2016年间中俄贸易额大幅下降，但随后贸易额已连续2年保持增长态势。双边贸易额增速超过中国外贸整体增速（12.6%），达到历史最高水平。[②] 中国是俄罗斯重要的贸易伙伴，在贸易额方面，俄罗斯是中国第11大贸易伙伴，[③] 在双边贸易增速方面，俄罗斯独占鳌头。[④]

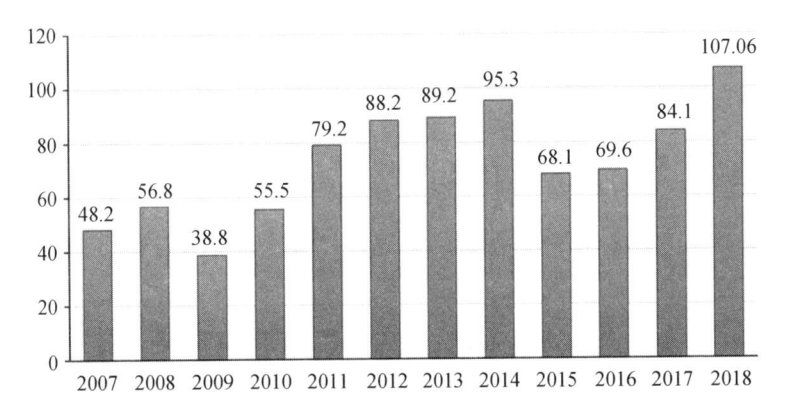

图1　2007年至2018年间中俄贸易额（10亿美元）

资料来源：《中俄经贸合作发展》、С.卢加宁、赵华胜、А.科尔图诺夫等：《中俄对话：2018模式》。

[①] Аналитическая справка и статистические данные по внешней торговле России и Китая в 2018 г.//Портал внешнеэкономической информации. URL：http：//www.ved.gov.ru/exportcountries/cn/analytic_cn/? analytic =17.

[②] Объем внешней торговли Китая в 2018 году вырос до рекордного уровня ＄4，6 трлн//Интерфакс，14 января 2019 г. URL：https：//www.interfax.ru/business/645971.

[③] Аналитическая справка и статистические данные по внешней торговле России и Китая в 2018 г.//Портал внешнеэкономической информации. URL：http：//www.ved.gov.ru/exportcountries/cn/analytic_cn/? analytic =17.

[④] КНР：товарооборот между Россией и Китаем в 2018 году превысил ＄100 млрд//Вести Экономика. URL：https：//www.vestifinance.ru/articles/112871.

俄罗斯对华出口增速（42.7%）高于中国对俄罗斯出口增速（12%），俄罗斯成功实现对华贸易顺差。国际原料市场形势以及两国在国家和地方层面上的合作对俄罗斯对华出口产生积极影响。

两国基于本国利益，不断优化双边贸易结构，促进双边贸易增长。① 两国根据本国现有优势完善贸易结构，遵照相关法律推进贸易发展。② 此外，俄罗斯经济回稳，对俄罗斯商品需求增高也积极推动了中俄贸易发展。③ 两国政治合作节节攀升，为落实共同经济项目创造新机遇。④

跨境电商蓬勃发展。根据初步计算，2018年跨境贸易额超过40亿美元，⑤ 阿里全球速卖通成为俄罗斯人最常用的在线购物平台，⑥ 跨境电商具有巨大潜力。

与2017年相比，2018年俄罗斯向中国出口的商品中主要商品大类呈现增长趋势（参见表1），其中包括矿物燃料、石油和石油产品（+55.1%）、木材和木材制品（+4.9%）、农产品和食品（+51.4%）和有色金属（+62.9%）。

表1 2018年俄罗斯对华出口商品结构

商品	出口额（百万美元）	占出口总额比重（%）	与2017年相比变化（%）
矿物燃料、石油、石油制品	42290.4	71.6	55.1
木材和木材制品	4692.2	7.9	4.9

---

① Товарооборот России и Китая в 2018 году превысил ＄100 млрд//Коммерсант, 10 января 2019 г. URL: https://www.kommersant.ru/doc/3850352.

② Китайский бизнес опасается инвестировать в Россию//Независимая газета, 10 февраля 2019 г. URL: http://www.ng.ru/world/2019-02-10/10_7503_china.html.

③ В Китае назвали причину роста товарооборота с Россией//Рамблер финансы, 10 мая 2018 г. URL: https://www.finance.rambler.ru/economics/39809095-v-kitae-nazvali-prichinu-rosta-tovarooborota-s-rossiey.

④ Торговля России и Китая бьет рекорды//Евразия эксперт, 4 сентября 2018 г. URL: http://www.eurasia.expert/torgovlya-rossii-i-kitaya-bet-rekordy/.

⑤ Объем российско-китайской торговли по итогам года может достичь ＄110 млрд//РИА Новости, 12 декабря 2018 г. URL: https://www.ria.ru/20181212/1547856255.html.

⑥ Али цюаньцю сумайтун чжудао элосы шичан: юаньинь хэцзай лайюань？［Алиэкспресс доминирует на российском рынке: в чем причина？］//Элосы бао, 29 октября 2018 г. URL: http://www.tsrus.cn/jingji/shangye/2018/10/29/663525.

续表

商品	出口额（百万美元）	占出口总额比重（%）	与2017年相比变化（%）
农产品和食品	3195	5.4	51.4
有色金属	3032	5.1	62.9
鱼、贝壳、甲壳类产品	2108.2	3.6	46.9
矿石、炉渣、灰渣	1553	2.6	22.7
纸料、纸浆	1140.1	1.9	28.5
化学产品	1021	1.7	-5.5
机器设备	604	1	-21.1
肥料	511.3	0.9	11.4
宝石和贵金属	388.3	0.7	8.4
纸、纸板及相关制品	221.7	0.4	113.1
矿产品	110.8	0.2	16.1

资料来源：《2018年中俄外贸分析和数据统计》，俄罗斯经济发展部外贸信息网站：http://www.ved.gov.ru/analytic_cn。

另一方面，化学品、机械设备贸易呈现下降趋势。出现跌幅的出口化学产品包括有机化合物（-23%）、生胶和橡胶制品（-20.5%）、塑料和塑料制品（-6.3%）。机械设备中出现下降趋势的商品包括能源设备（-36.1%）、电子机械和设备（-6.8%）、航空设备（-15%）和光学医疗设备（-0.1%）。上述贸易商品出口的下滑有解决的可能，方法是在两国政府达成协议的范围内签订长期合同。例如，在涉及航空器材出口方面请俄罗斯国防产品出口公司参与。政府在签订协议时应充分发挥俄罗斯公司在华代表的潜力，以保证对俄罗斯产品的稳定需求。

2018年11月，中俄签署了相互供应冷冻禽肉和乳制品议定书，① 这可帮助制订获得对华出口权企业的名单，② 同时将促进2019

---

① Россия и Китай договорились о поставках молока и мяса птицы//Агроинвестор, 7 ноября 2018 г. URL: https://www.agroinvestor.ru/regions/news/30723-rossiya-i-kitay-dogovorilis-o-postavkakh-moloka-i-myasa.

② Свиньи отпущения. Китай снял ключевые ограничения для поставок российского мяса на свой рынок//Российская газета, 19 сентября 2017 г. URL: https://www.rg.ru/2017/09/19/kitaj-snial-kliuchevye-ogranicheniia-dlia-postavok-rossijskogo-miasa-na-svoj-rynok.html.

年俄罗斯对华粮食出口。专家认为，在包括红酒出口在内的新兴领域，俄罗斯企业有机会填补市场空缺，推动俄对华出口进一步发展。①

俄罗斯对华出口增长最快的是纸类和纸板类产品（+113.1%）、有色金属（+62.9%），以及矿物燃料、石油和石油产品（+55.1%）。中国共产党十九大召开后，中国政府就消除贫困和降低环境污染出台了相关决定，这也推动了中国对特定产品的需求。②中国将会大幅增加其生产过程会对环境造成巨大影响的产品（例如纸和纸板）的进口。此外，中国将力争减少煤炭发电，这也就使对华煤炭出口增速比石油要慢。③

中方高度关注天然气进口。为保证经济增速，落实环保政策，自2017年起中国天然气消费量快速增加。根据初步计算，预计2018年消费量将超过2800亿立方米，增幅将超过18%。④ 国内的天然气产量稳步增加，预计2018年产量将超过1570亿立方米，同比增加接近6.7%，⑤ 其中页岩气产量已超过110亿立方米，同比增长22%以上。⑥ 尽管如此，国内天然气产量的增量并不能满足消费量的增加。2018年中国进口天然气量接近1240亿立方米，增量达到300亿立方米，⑦ 因此也超过日本成为全球第一大天然气进口国，⑧ 其中液

---

① Тернистый путь в Китай: барьеры и точки роста экспорта в Поднебесную//Regnum, 5 марта 2018 г. URL: https://www.regnum.ru/news/2387154.html.

② Путеводитель для бизнеса. Китай//Портал внешнеэкономической информации. URL: http://www.ved.gov.ru/exportcountries/businessguide.

③ Китай грозит обрушить мировые цены на уголь//Ведомости, 20 июля 2018 г. URL: https://www.vedomosti.ru/business/articles/2018/07/20/776025 - kitai-sokratit-potreblenie.

④ Газовый треугольник: Россия и США бьются за Китай//Газета.ru, 11 марта 2019 г. URL: https://www.gazeta.ru/business/2019/03/07/12229129.shtml.

⑤ 2018 нянь чжунго тяньжаньци цзянэ цзоуши цзи хане фачжань цюйши [Динамика цен на природный газ в Китае и развитие отрасли в 2018 году]//Нэнюань синьвэнь ван, 4 июля 2018 г. URL: http://www.energynews.com.cn/show - 55 - 14104 - 1.html.

⑥ Чжунго тяньжантци сяофэй дуйвай ицунь дудафу цзэнчжан [Потребление природного газа в Китае значительно увеличило его зависимость от зарубежных стран]//China Energy News, 18 января 2019 г. URL: http://www.cnenergynews.cn/yq/trq/201901/t20190118_752404.html.

⑦ В Китае резко подскочил спрос на импортный газ//Ведомости, 14 января 2019 г. URL: https://www.vedomosti.ru/business/articles/2019/01/14/791392 - v-kitae-importnii-gaz.

⑧ Китай обогнал Японию и вышел на первое место в мире по импорту природного газа//ПРАЙМ, 12 ноября 2018 г. URL: https://www.1prime.ru/energy/20181112/829428400.html.

化天然气（LNG）进口量约为5200万吨（约725亿立方米，占比近59%），管道气进口量为515亿立方米（占比41%）。① 目前，中国进口的管道气是通过西南方向中缅天然气管道、西北方向中亚天然气管道输送到国内，气源国包括缅甸、土库曼斯坦、乌兹别克斯坦、哈萨克斯坦，② 在管道气中土库曼斯坦供气量接近70%，东北方向中俄天然气管道正在建设中。③ LNG则是通过东部沿海的19座接收站（总接卸能力为7245万吨）输送至消费市场，进口的LNG主要来自澳大利亚、卡塔尔、马来西亚、印尼、美国等国。④ 中国的石油企业在海外上游开采天然气的项目也逐步增加，包括土库曼斯坦阿姆河项目⑤、俄罗斯亚马尔LNG项目⑥、加拿大LNG项目⑦、莫桑比克LNG项目、澳大利亚LNG项目，也在商谈参与美国天然气开发、建设LNG项目的可能性。

俄罗斯天然气储量丰富，2018年产量达到7250亿立方米，出口量2250亿立方米，是世界第一大天然气出口国。⑧ 中俄两国在天然气领域合作取得多项重大进展。2014年9月，俄罗斯启动"西伯利亚力量"管道（中俄东线天然气管道俄境内段）建设；2015年6月底中方启动自中俄边境交气点黑河市经东北到华北、华东地区的天

---

① В Китае резко подскочил спрос на импортный газ//Ведомости, 14 января 2019 г. URL：https：//www. vedomosti. ru/business/articles/2019/01/14/791392 – v-kitae-importnii-gaz.

② Китай хочет получать больше газа из России и Казахстана//Нефть капитал, 6 сентября 2018 г. URL：https：//www. oilcapital. ru/news/markets/06 – 09 – 2018/kitay-hochet-poluchat-bolshe-gaza-iz-rossii-i-kazahstana.

③ Россия рассчитывает на интерес Китая к вхождению в проект 《Арктик СПГ – 2》//ТАСС, 5 ноября 2018 г. URL：https：//www. tass. ru/ekonomika/5755925.

④ Чжунго тяньжантци сяофэй дуйвай ицунь дудафу цзэнчжан［Потребление природного газа в Китае значительно увеличило его зависимость от зарубежных стран］//China Energy News, 18 января 2019 г. URL：http：//www. cnenergynews. cn/yq/trq/201901/t20190118_752404. html.

⑤ Китай и Туркменистан подписал ряд соглашений об увеличении поставок природного газа из Туркменистана в Китай//Газета 《Жэньминь Жибао》 он-лайн, 27 июня 2009 г. URL：http：//www. russian. people. com. cn/31518/6687751. html.

⑥ О проекте//Ямал СПГ. URL：http：//www. yamallng. ru.

⑦ Company Information//LNG Canada. URL：https：//www. lngcanada. ca.

⑧ Россия установила новый рекорд экспорта газа//Ведомости, 10 января 2019 г. URL：https：//www. vedomosti. ru/business/news/2019/01/10/791101 – rossiya-rekord.

然气管道建设，[1] 根据最新工作进展，该管道在 2019 年 12 月建成通气。亚马尔液化天然气项目位于俄罗斯亚马尔—涅涅茨自治区的南坦别伊气田，[2] 计划兴建三条液化天然气生产线，每条生产线年产能为550万吨。[3] 2013年9月，中国石油天然气集团公司与俄罗斯诺瓦泰克公司签署了关于收购亚马尔液化天然气项目20%股份的协议[4]；2016 年 4 月，中国丝路基金完成亚马尔液化天然气项目 9.9%的股份收购。[5] 中国的石油企业共从该项目采购了400万吨/年的液化天然气。[6] 2017 年 12 月，亚马尔液化天然气项目第一条生产线正式投产；2018 年 8 月，第二条生产线投产；2018 年 12 月，第三条生产线投产。[7] 在 2018 年 7 月，亚马尔项目第一条生产线向中国供应的首船液化天然气，通过北极航道运抵中国江苏如东 LNG 接收站。[8] 在商谈新的天然气合作项目时，俄罗斯政府和能源企业应该深入了解和分析中国能源市场和企业的承受能力，降低期望值。俄罗斯远东、东西伯利亚地区能源资源出口到亚洲市场是俄罗斯最好的选择，

---

[1] На территории Китая начинается трансречной проект в рамках китайско-российского газопровода по восточному маршруту//Газета 《Жэньминь Жибао》 он-лайн，24 мая 2016 г. URL：http：//www.russian.people.com.cn/n3/2016/0524/c31518 - 9062116. html.

[2] НОВАТЭК и Фонд Шелкового Пути закрыли сделку по продаже доли в Ямал СПГ//НОВАТЭК，15 марта 2016 г. URL：http：//www.novatek.ru/ru/press/releases/index.php? id_4 = 1165.

[3] НОВАТЭК нашел газ для третьего завода по производству СПГ//Ведомости，10 октября 2018 г. URL：https：//www.vedomosti.ru/business/articles/2018/10/10/783344 - novatek-nashel-gaz.

[4] НОВАТЭК продал 20% в Ямал СПГ китайской CNPC за 3，8 млрд руб//Neftegaz.RU，26 февраля 2014 г. URL：http：//www.neftegaz.ru/news/companies/247632 - novatek-prodal - 20 - v-yamal-spg-kitayskoy-cnpc-za - 3 - 8 - mlrd-rub.

[5] НОВАТЭК закрыл сделку по продаже фонду Шелкового пути 9，9% 《Ямал СПГ》 за 1，1 млрд евро//ТАСС，12 марта 2016 г. URL：https：//www.tass.ru/ekonomika/2741262.

[6] Ямал СПГ：Китай ежегодно будет получать 4 млн тонн сжиженного газа//Китайский информационный Интернет-центр，14 декабря 2017 г. URL：http：//www.russian.china.org.cn/exclusive/txt/2017 - 12/14/content_50103542.htm.

[7] НОВАТЭК запустил вторую очередь Ямал СПГ с опережением графика//Ведомости，9 августа 2018 г. URL：https：//www.vedomosti.ru/business/articles/2018/08/09/777752 - novatek-zapustil.

[8] НОВАТЭК впервые поставил СПГ по Северному морскому пути через Дальний Восток//Ведомости，18 июля 2018 г. URL：https：//www.vedomosti.ru/business/articles/2018/07/19/775894 - novatek-spg-severnomu-puti.

相比销售到欧洲和其他市场俄方可获得更好的经济回报。尽管中国天然气市场发展迅速，但价格承受能力较低，市场培育需要时间，俄方应该考虑到这一现实。当然，这并不意味俄方与中方开展天然气合作要放弃自身的经济效益，但中国的天然气价格由市场形成，且市场潜力巨大，俄方需要考虑市场的特点，并在短期收益与长期收益之间寻求平衡。

与2017年相比，2018年中国对俄出口的主要商品大类也呈现增长（参见表2），如机械设备（+16.2%），化学产品（+18.7%），皮制品、皮毛原料和皮毛类产品（+15.5%）。

表2　2018年中国对俄罗斯出口商品结构

商品	出口额（百万美元）	占出口总额比重（%）	与2017年相比变化（%）
机械设备	22166	46.2	16.2
化学产品	4322	9	18.7
皮制品、皮毛原料和皮毛类产品	3308.4	6.9	15.5
纺织服装	2354.9	4.9	-4.2
农产品和食品	1949	4.1	3.2
针织服装	1565.3	3.3	-5.8
铁制品	1265.1	2.6	17.5
玩具，体育用品	1007.7	2.1	6.7
家具、床垫、照明设备	979.9	2	6.3
钢铁	685.4	1.4	8.7
其他纺织品（床上用品、床罩、窗帘）	505.6	1	-7.9
餐具	471.5	1	21.2
皮制品	434.2	0.9	22.2
非贵重宝石类制品	450.9	0.9	16.1

续表

商品	出口额（百万美元）	占出口总额比重（%）	与2017年相比变化（%）
铝和铝制品	407.4	0.8	24.8
石材、石膏和水泥制品	328.8	0.7	12.2
纸、纸板和纸制品	282.3	0.6	22.2
陶瓷制品	298.9	0.6	24.1
纺织材料	251.6	0.5	0.5
玻璃和玻璃制品	235.7	0.5	8.2
针织布	189.5	0.4	8.8
其他非金属、金属陶瓷制品	156	0.3	5.5

拉里奥诺夫制作，资料来源：《2018年中俄外贸分析和数据统计》，俄罗斯经济发展部外贸信息网站：http：//www.ved.gov.ru/analytic_cn。

中国出口增长最大的是铝和铝制品（+24.8%），陶瓷品（+24.1%），纸类、纸板和纸制品（+22.2%），皮制品（+22.2%）。化学品（+18.7%）、机械制造（增幅16.2%）也呈现出较强增长态势。另一方面，纺织服装（-4.2%）、针织服装（-5.8%）及其他纺织品（-7.9%）呈现下跌态势。下降的原因是俄罗斯轻工业的发展，以及俄罗斯着重扶持本国产业发展。[①]

这些数据表明，俄罗斯企业主要向中国出口原料和某些工艺技术，而中国向俄罗斯主要出口成品。[②] 俄罗斯对华出口结构无法多样化的主要原因在于：中国对部分产品质量要求十分严苛，甚至高于国际标准。[③] 为了获得必要的认证企业往往需要付出高昂成本，这限制了俄罗斯出口企业的潜能。此外，在华经商的限制也阻碍了俄罗斯对华出口的发展，为在当地进行产品推销，俄罗斯企业必须要与

---

① Владимир Путин счел недостаточной поддержку легкой промышленности//Союзлегпром，20 декабря 2018 г. URL：http：//www.souzlegprom.ru/ru/press-tsentr/novosti/novosti-otrasli/3740 - vladimir-putin-schel-nedostatochnoj-podderzhku-legkoj-promyshlennosti.html.

② Тернистый путь в Китай：барьеры и точки роста экспорта в Поднебесную//Regnum，5 марта 2018 г. URL：https：//www.regnum.ru/news/2387154.html.

③ Там же.

当地经销商进行合作。为了降低从俄罗斯到中国的运输成本，交通设施建设具有重要意义。

  两国政府推行了一系列措施，逐步解决现存问题。例如，两国政府机构积极建立对话平台、签订协议、与潜在消费者建立联系，以期推动商业发展。2018 年 11 月 29 日，第一届中俄能源商务论坛在北京召开，超过 90 名来自金融企业、能源和信息领域的代表出席了此次会议。① 同年 11 月，俄罗斯总理梅德韦杰夫率领俄罗斯企业代表团出席中国第一届国际进口博览会。② 此外，俄罗斯出口中心也表示希望在中国开设办事处。③

  2019 年中俄将在保障经济安全方面进一步推动合作。2018 年，两国已就非法砍伐和将砍伐树木运往中国等问题进行讨论。俄方提出限制向中国的木材出口，中方希望加强合作，共同制止非法砍伐。④

  中方学者认为，提高国家管理效率和投资使用透明度对推动两国合作具有重要作用。如果俄罗斯能够提升对其本国经济的管理效率，未来高附加值商品将在中俄双边贸易中占据更大份额。⑤ 由于相当大部分创新集中在国企领域内，可以将部分技术进行商业化转移，这将显著提高俄罗斯生产商的竞争力（例如在航天活动中）。⑥

  此外，中俄应利用《中华人民共和国和欧亚经济联盟经贸合作

---

 ① Энергетические компании России и Китая заключили 20 контрактов на первом бизнес-форуме в Пекине//Российская газета, 29 ноября 2018 г. URL：https：//www.rg.ru/2018/11/29/energeticheskie-kompanii-rossii-i-kitaia-zakliuchili – 20 – kontraktov-na-pervom-biznes-forume-v-pekine.html.

 ② Медведев прибыл с визитом в Шанхай//ТАСС, 4 ноября 2018 г. URL：https：//www.tass.ru/politika/5755849.

 ③ Представительство Российского экспортного центра в Шанхае откроется до конца 2018 г.//ТАСС, 2 ноября 2018 г. URL：https：//www.tass.ru/ekonomika/5749193.

 ④ Рослесхоз предложил запретить китайцам покупать древесину у граждан РФ//Российская газета, 17 января 2019 г. URL：https：//www.rg.ru/2019/01/17/rosleshoz-predlozhil-zapretit-kitajcam-pokupat-drevesinu-u-grazhdan-rf.html.

 ⑤ Китайский бизнес опасается инвестировать в Россию//Независимая газета, 10 февраля 2019 г. URL：http：//www.ng.ru/world/2019 – 02 – 10/10_7503_china.html.

 ⑥ Покровская В. В., Ларионов А. В. Тенденции рынка продуктов сферы космической деятельности//Мир новой экономики. 2016. № 4. С. 24 – 31.

协定》和"带盟"对接提供的机会,深化贸易合作,消除贸易投资壁垒。中方认为,过高的关税阻碍合作的推进,应推动两国签署双边自贸协定。

(二)中俄双边投资和有前景的共同合作项目

尽管中俄双边贸易不断增长,但2018年两国间相互直接投资额出现下跌。专家表示,2018年1月至6月间,中国对俄罗斯的直接投资额同比下降24%。[①] 不过,部分项目得以顺利开展。

根据俄罗斯中央银行的数据,中国对俄罗斯投资额超过了俄对华投资额(参见表3)。中国投资主要集中在能源、农业、建筑和轻工业。俄罗斯的投资主要集中在制造业、建筑和交通运输。[②]

表3 中俄直接投资额(百万美元)

指标	2017年第一季度	2017年第二季度	2017年第三季度	2017年第四季度	2018年第一季度	2018年第二季度	2018年第三季度
中国对俄罗斯直接投资	254	136	-360	110	14	82	16
俄罗斯对中国直接投资	1	16	11	4	2	4	6

拉里奥诺夫根据外贸数据制作,俄罗斯央行网站,http://www.cbr.ru/statistics/?PrtId=svs。

尽管直接投资总额下降,2018年中国在俄罗斯投资项目数量超

---

① Китай отверг соглашение о дедолларизации торговли с Россией//Finanz.ru, 25 декабря 2018 г. URL:https://www.finanz.ru/novosti/valyuty/kitay-otverg-soglashenie-o-dedollarizacii-torgovli-s-rossiey - 1027831859.

② Аналитическая справка и статистические данные по внешней торговле России и Китая в январе-сентябре 2018 г.//Портал внешнеэкономической информации. URL:http://www.ved.gov.ru/analytic_cn/.

过了德国在俄投资项目数量,① 位居第一,2017 年中国在俄投资项目数量是上一年的 3.5 倍。②

根据中方提供的数据,截至 2017 年年底,中国对俄直接投资为 138.72 亿美元,③ 占中国对外直接投资总额的 0.8%,占对欧洲国家直接投资总额的 12.5%。俄罗斯是中国第十大投资目标国,同时是第二大"一带一路"投资目标国家。目前,俄罗斯境内共有 1000 多家中国企业,共有 2 万多名俄罗斯员工。

近几年来,中俄建立了一系列机制,以推动项目的顺利落实,其中包括中俄地区合作发展投资基金。

成立该基金将增进双方在投资领域的相互了解,增强中国投资者的信心,从而进行更多投资。例如,落实俄罗斯原子能公司项目共需要 180 亿卢布,其中 150 亿卢布由中方承担。④

2018 年 9 月 11—13 日于符拉迪沃斯托克举办的第四届东方经济论坛是中俄投资合作中的重要里程碑事件。⑤ 会上中俄双方讨论了最具前景的项目,其中大部分都围绕着"远东:更大的可能性"主题。⑥ 论坛期间中俄签署了下列经济合作协议:

1. 《中国商务部与俄罗斯远东发展部关于成立中国东北地区和俄罗斯远东及贝加尔地区实业理事会的谅解备忘录》。

2. 《中国国务院国有资产监督管理委员会与俄罗斯远东发展部

---

① Китай обошел Германию по числу инвестиционных проектов в России//РБК, 24 мая 2018 г. URL: https://www.rbc.ru/economics/24/05/2018/5b068bd59a794722dede4fbd.

② Зарубежные инвесторы вложили средства в рекордное количество проектов на территории России//Ernst&Young, 24 мая 2018 г. URL: https://www.ey.com/ru/ru/newsroom/news-releases/ey-european-attractiveness-survey – 2018.

③ Дуйвай тоуцзы хэцзо гобэй (дицюй) чжинань. Элосы [Показатели инвестиционного сотрудничества. Россия] //Идай илу. URL: https://www.yidaiyilu.gov.cn/wcm.files/upload/CMSydylgw/201902/201902010513054.pdf.

④ 《Росатом》 заключил контракт о поставке урана в Китай//РБК, 12 сентября 2018 г. URL: https://www.rbc.ru/rbcfreenews/5b990b089a79472d29601689.

⑤ Председатель КНР Си Цзиньпин о задачах Фонда//Российско-Китайский Инвестиционный Фонд Регионального Развития, 16 сентября 2018 г. URL: http://www.ifrd.ru/ru.

⑥ Утвержден логотип и упаковка воды 《Чистая земля》//Российско-Китайский Инвестиционный Фонд Регионального Развития, 22 августа 2018 г. URL: http://www.ifrd.ru/ru.

关于加强中俄在远东地区的区域、产业和投资合作谅解备忘录》。

3.《中华人民共和国商务部和俄罗斯联邦远东发展部关于中俄在俄罗斯远东地区合作发展规划（2018—2024）的谅解备忘录》。

4. 中国国家开发银行与俄罗斯外贸银行签署价值120亿人民币的贷款协议。

5. 中国潍柴动力集团与俄罗斯卡马斯集团签署协议，组建"卡马斯—潍柴"合资企业。①

上述协议的签订为中期未来中俄投资合作奠定了重要基础。

东方经济论坛期间，双方讨论了中方参与投资的项目。两国实业界代表在每年举办的中俄实业家磋商委员会期间启动了73个共同项目，总价值超过1000亿美元。② 例如，论坛期间讨论的伊尔库茨克州的"洁净土地"项目。③ 论坛期间各方高度关注技术投资。2018年，斯科尔科沃风投公司和中俄地区合作发展投资基金会签订对中俄技术公司的投资协定。④ 双边战略伙伴协议将分为两个阶段落实。第一阶段，将对"斯科尔科沃—数字"基金、"斯科尔科沃—工业1号"基金和"斯科尔科沃—农业技术1号"基金三个基金进行投资，总额达15亿卢布；第二阶段，双方在2019年年底前共同创立两个新投资基金，"Special situations"基金拥有1亿美元资金，其中一半由中方出资。该基金将主要负责斯科尔科沃相关的项目。"高技术垂直整合公司"基金主要关注具有快速发展潜力的领域，包括人工智能、网络安全和视频分析。据预计，该基金将能够投资建

---

① Документы, подписанные в ходе рабочего визита Председателя Китайской Народной Республики Си Цзиньпина в Российскую Федерацию//Президент России, 11 сентября 2018 г. URL：http：//www.kremlin.ru/supplement/5341.

② Russia and China are Looking at Launching Joint Projects worth More than $100 Bln//CNBC, September 10, 2018. URL：https：//www.cnbc.com/2018/09/11/russia-china-consider-investments-worth-more-than-100-billion.html.

③ Китайский инвестор планирует развивать производство питьевой воды в России//Министерство Российской Федерации по развитию Дальнего Востока, 21 августа 2018 г. URL：https：//www.minvr.ru/press-center/news/18019/.

④ Российско-китайский инвестфонд вложится в три фонда Skolkovo Ventures//РИА Новости, 16 октября 2018 г. URL：https：//www.ria.ru/20181016/1530741554.html.

设 3—5 家技术公司。

未来，中俄将继续签署类似协定。2018 年 11 月，俄罗斯经济发展部官方网站上发布了与中国商务部签署《关于服务贸易领域合作谅解备忘录》的信息。① 签署这一备忘录将推动中俄旅游、文化、交通和教育等企业间合作。此外，这也将促进经济相关领域的发展。中国海关总署和俄罗斯海关署商定将进一步完善海关手续，以及加强对跨境电商货物的海关监管。②

2018 年中俄积极推动 CR929 远程宽体客机项目，③ 由联合航空制造公司（UAC）控股 50% 的中俄国际商用飞机公司负责 CR929 的研发工作。项目总额达 210 亿美元。根据计划，中俄将分别承担一半费用。如果项目能够成功落地，CR929 将有能力与波音 787 梦幻客机和空客 350 飞机竞争。

中国铁建股份有限公司参与了莫斯科地铁大环线西南段建设工作，西南段总长约 4.6 千米，预计将于 2020 年开通。④

2018 年，中俄两国商定在沃罗涅日建设生产电工设备的合资企业。⑤ 中国海尔集团将在鞑靼斯坦共和国境内建设工业园区，主要从事家用电器的组装和生产。⑥

---

① Россия и Китай подписали Меморандум о взаимопонимании по вопросам сотрудничества в области торговли услугами//Министерство экономического развития РФ. URL：http://www.economy.gov.ru/minec/about/structure/depasiaafrica/201807111.

② Российско-китайский альянс-самоисполняющееся пророчество США?//Международный дискуссионный клуб 《 Валдай 》, 12 ноября 2018 г. URL：http://www.ru.valdaiclub.com/a/highlights/rossiysko-kitayskiy-alyans/.

③ Россия и Китай согласовали размеры совместного самолета//Ведомости, 8 июня 2018 г. URL：https://www.vedomosti.ru/business/articles/2018/06/08/772295 - rossiya-kitai-soglasovali-samoleta.

④ Чжунго тецзянь мосыкэ дите сянму шоутяо суйдао гуаньтун [Китайская железнодорожная строительная корпорация строит первый тоннель проекта московского метрополитена]//Соху, 11 апреля 2019 г. URL：http://www.sohu.com/a/307284170_119038？sec＝wd.

⑤ Совместное предприятие России и Китая появится в Воронеже//Известия, 24 апреля 2018 г. URL：https://www.iz.ru/736028/2018 - 04 - 24/sovmestnoe-predpriiatie-rossii-i-kitaia-poiavitsia-v-voronezhe.

⑥ В Татарстане в июле 2019 года планируют запустить индустриальный парк Haier//ТАСС, 17 мая 2018 г. URL：https://www.tass.ru/ekonomika/5209740.

2019年中俄两国继续探讨启动新的项目。2019年年初，双方讨论了在滨海地区建设造船厂，俄罗斯"Mag-Si"有限公司和大连造船厂将参与这一项目。[①] 在项目初级阶段，两国计划为项目提供税收优惠。

在落实这些项目的过程中，中方的投资将对俄罗斯相关地区经济发展产生积极影响，并推动其他经济板块发展。对于俄罗斯来说，十分重要的是选择能够从外部产生最大积极效应的项目，表现在能够增加俄罗斯企业的订单，引入新技术，培训俄罗斯员工。为此，俄罗斯政府有必要继续组织共同生产项目。

中俄两国必须完善其营商环境。根据世界银行发布的《2019年营商环境报告》[②]中，在企业营商环境指标中，中国和俄罗斯在190个经济体中分别排名第46位和第31位（参见表4）。中国企业普遍认为，俄罗斯营商环境仍有完善空间。例如，俄罗斯在"获取建筑许可"方面排名第48位（办理建筑许可需193天），中国排名第121位（155天）。冗长的审批手续加大了企业的投资成本，严重影响了项目实施进程，对于扩大两国基础设施项目建设构成了较大障碍。跨境贸易成本具有重要意义，在这一指标上中国和俄罗斯分别排名第65位和第99位。俄罗斯进出口支出比中国高出40%，这阻碍了双边贸易投资的发展，两国政府需高度关注这一问题。

表4 中俄营商环境主要指标

国别	排名	建筑许可	跨境贸易	跨境贸易成本（美元）	
				出口	进口
俄罗斯	31/190	48	99	672	740
中国	46/190	121	65	387.6	448.3

资料来源：世界银行：《2019年营商环境报告》，http://www.doingbusiness.org/en/reports/global-reports/doing-business-2019。

[①] Судостроительная компания из КНР построит завод в Приморье//Российская газета，27 февраля 2019 г. URL：https://www.rg.ru/2019/02/27/reg-dfo/sudostroitelnaia-kompaniia-knr-postroit-zavod-v-primore.html.

[②] Doing business 2019//World Bank. URL：http://www.worldbank.org/content/dam/doingBusiness/media/Annual-Reports/English/DB2019-report_web-version.pdf.

两国必须加强市场机制在双边贸易中的作用。中俄两国建立了迄今最为完善的双边经贸合作机制，包括两国总理定期会晤机制和下设的 19 个分委会，在政府主导下，这一机制对于推动能源、矿产资源等垄断行业的合作发挥了积极作用。目前双方合作正在向制造业、农业、服务贸易和高新技术等领域拓展，而这些领域更加突出企业主体和市场调节的作用，现有合作机制难以适应这种要求，其运行效率大打折扣。例如，2012 年中俄双方成立的中俄投资基金旨在推动非资源领域合作，但迄今成功运行项目较少，未能实现预期目标。

第一，对于中俄两国来说，深化农业领域合作具有巨大前景。双方应积极落实《中国东北地区和俄罗斯远东及贝加尔地区农业发展规划》，[1] 加强在大豆、农产品加工、仓储物流等领域的合作，探讨共同投资。此外，两国应加强在农业生产和其他生产链环节的合作。

第二，两国需加强制造业领域合作。根据中方推进"一带一路"产能合作的方向及俄方产业结构调整的需要，双方应加强在钢铁、有色金属、建材、铁路、电力、化工、轻纺、汽车、通信、工程机械等领域的合作，提升两国在制造业领域的合作水平。目前中国的海尔集团[2]和海信集团[3]纷纷在俄罗斯建立了家电生产基地，中国化工工程公司在俄罗斯建立了炼油厂，为中俄拓展制造业领域的合作树立了典范。

第三，高新技术领域发展具有重要意义。利用俄方技术优势，拓展两国在新能源、新材料、生命科学、纳米技术、自然资源合理利用及环保节能等诸多领域的合作，使高新技术合作成为中俄经贸

---

[1] Россия и КНР планируют развивать сельское хозяйство на Дальнем Востоке//Министерство Российской Федерации по развитию Дальнего Востока, 7 ноября 2018 г. URL: https://www.minvr.ru/press-center/news/19653/.

[2] В Набережных Челнах открылся первый завод Haier в России//Татар-информ, 22 апреля 2016 г. URL: https://www.tatar-inform.ru/news/2016/04/22/500824/.

[3] Компания Hisense открыла представительство в России//Рамблер, 2 мая 2018 г. URL: https://www.finance.rambler.ru/business/39753435 – kompaniya-hisense-otkryla-predstavitelstvo-v-rossii.

合作新的支撑点。积极拓展两国在跨境电商、软件开发、网络安全以及电子支付系统等数字经济领域的合作。

第四，加强服务业合作。在"带盟"对接框架内，应积极推动中欧班列跨境运输，提升服务质量和效率，发展高附加值旅游服务，加强各类旅游增值服务，探讨多元化的金融服务，尝试采用PPP模式开展项目建设。

2019年，根据世贸组织和国际货币基金组织的预测，受贸易战影响及其他因素影响，①预计全球经济增速有所放缓，由此也加大了双边经贸合作发展的难度。面对新挑战，中俄需要采取有效措施解决两国经贸合作制度建设与体制机制的短板。必须着眼于长远发展，由重项目转向重规则，为中俄经贸合作可持续发展提供长期制度性保障，包括世贸组织改革和修订多边贸易规定。

（三）中俄金融合作

为发展金融领域的相互协作，俄罗斯中央银行和中国人民银行继续进行构建合作平台的政策。2018年，俄央行官网为吸引中国投资者而开设中文栏目。②

2018年9月，中俄总理定期会晤委员会金融合作分委会第十九次会议在深圳举行。③ 会上讨论了中俄银行间合作、国家货币结算、加强国家支付系统合作、保险公司合作等问题。

关于逐步放弃美元和增加本国货币的结算量的讨论仍在持续。就中俄谈判的结果，俄罗斯总统普京表示，考虑到当前全球经济发

---

① Жертвы войны барьеров：Трамп обрушил мировую торговлю//Газета.ru，2 апреля 2019 г. URL：https：//www.gazeta.ru/business/2019/04/02/12280381.shtml.

② На сайте Банка России появился раздел для инвесторов на китайском языке//Центральный Банк РФ，28 марта 2018 г. URL：http：//www.cbr.ru/Press/event/？id=1727.

③ В Китае состоялось заседание Российско-Китайской Подкомиссии по сотрудничеству в финансовой сфере//Цен-тральный Банк РФ，27 сентября 2018 г URL：https：//www.cbr.ru/today/pk_18642/20180928_01.

展的趋势，中俄有必要以本国货币实现贸易结算，① 并指出为实际贸易提供稳定的银行服务，这一点十分重要。为此，两国计划在2018年签署关于本币结算的协议，该协议于2014年开始起草，然而有消息称，2018年12月，中方拒绝签署该协议。② 中俄双方决定在不通过意向声明的情况下继续就此问题进行谈判。拒绝签署协议可能与中美贸易谈判中的政治因素有关。③ 根据专家的评估，俄罗斯的人民币结算量和进口交易量均有增加。④ 2018年12月，俄罗斯联邦财政部宣布计划于2019年发行人民币国债。⑤

2018年，两国就加强支付系统合作的问题继续进行了讨论。随着中俄之间贸易结算量的增长，两国在该领域的合作显得愈加迫切。中国对俄罗斯的平均支付额较2016年有所增加。2017年第一季度以来已出现上升趋势（参见图2）。电子商务领域合作逐渐加强，天猫国际商城即将建立俄罗斯网上展厅，⑥ 支付基础设施的发展也显得特别迫切。

中俄双方讨论创建一个能减少对SWIFT的依赖性的系统。⑦ 这种系统的形成将有助于消除制裁对公司间结算过程造成的负面影响。鉴于最近的趋势，2019年双方将继续讨论开发中俄类似SWIFT系统

---

① Путин：Россия и Китай выступают за использование нацвалют в расчетах//Russia Today，11 сентября 2018 г. URL：https：//www.russian.rt.com/business/news/553386 - putin-rossiya-kitai-nacvalyuta.

② Китай отверг соглашение о дедолларизации торговли с Россией//Finanz.ru，25 декабря 2018 г. URL：https：//www.nanz.ru/novosti/valyuty/kitay-otverg-soglashenie-o-dedollarizacii-torgovli-s-rossiey - 1027831859.

③ Китай не рискнул связываться с рублем//Коммерсант，27 декабря 2018 г. URL：https：//www.kommersant.ru/doc/3843582.

④ Китай отверг соглашение о дедолларизации торговли с Россией//Finanz.ru，25 декабря 2018 г. URL：https：//www.nanz.ru/novosti/valyuty/kitay-otverg-soglashenie-o-dedollarizacii-torgovli-s-rossiey - 1027831859.

⑤ Минфин РФ рассчитывает разместить ОФЗ в юанях в 2019 году//ТАСС，6 декабря 2018 г. URL：https：//www.tass.ru/ekonomika/5877662.

⑥ Сделано в России，куплено в Китае//Российская газета，11 февраля 2019 г. URL：https：//www.rg.ru/2019/02/11/eksport-rossijskih-tovarov-v-kitaj-vpervye-za - 13 - let-prevysil-import.html.

⑦ SCMP：Китай и Россия пытаются сбросить доллар с доминирующего положения//Газета.ru，22 ноября 2018 г. URL：https：//www.gazeta.ru/business/news/2018/11/22/n_12318457.shtml.

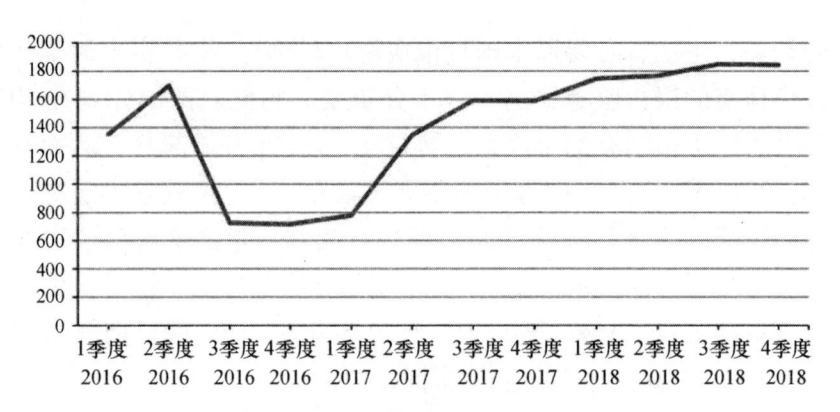

图2 中国支付给俄罗斯每笔钱的平均金额（美元）

拉里奥诺夫根据外贸数据制作，俄罗斯央行网站，http：//cbr.ru/statistics/? PrtId=svs。

的可能性。

2018年支付基础设施合作领域的关键成就是全俄地区发展银行"银联—和平卡"的发行。[①] 此类卡支持使用和平支付系统在俄罗斯境内进行交易，通过银联系统进行境外付款。该项目的实施能够有效解决境外使用和平卡的问题，借此2019年俄罗斯各银行与银联之间的合作将得到加强。这一领域的合作发展能将外部政治局势的影响降至最小。目前，银联在俄罗斯的网络覆盖率超过85%。[②] 包括支付宝在内的多种支付方式也在俄罗斯投入使用。[③]

与此同时，2018年未能成功地解决中资银行拒绝与俄罗斯各个公司和自然人开展有关业务以及延长交易期限的问题。[④] 中资银行在这种情况下的理由是欧盟和美国对俄罗斯的制裁，尽管中国尚未参与一系列限制性措施的实施。俄罗斯银行驻中国代表处主任丹尼洛夫认为，存在着对制裁不准确的解释问题，有关这一点可通过向中

[①] UnionPay, Мир и ВБРР договорились о старте эмиссии кобейджинговых карт UnionPay-Мир//UnionPay International, 11 июля 2018 г. URL：https：//www.unionpayintl.com/ru/mediaCenter/newsCenter/companyNews/4030.shtml.

[②] Там же.

[③] Alibaba запустит в России собственный платежный сервис//РБК, 27 апреля 2017 г. URL：https：//www.rbc.ru/business/27/04/2017/59009e899a7947b0cb9f06a5.

[④] Китайские банки не хотят обслуживать россиян из-за санкций//Вести Экономика, 24 октября 2018 г. URL：https：//www.vestinance.ru/articles/109067.

国各商业银行做出解释的方式来加以解决。①

总体来看，2018年中俄金融合作受到一定限制。

（四）中俄地方合作

中俄两国合作的很多成就都与地方合作有关。2018年很多成就的取得都是在中俄地方合作交流年②的框架内实现的。

2018年8月，中国东北地区政府间合作委员会与俄罗斯远东及贝加尔地区第二次会议在大连举行。③ 在东方经济论坛的框架下两国元首一同出席了中俄地方领导人圆桌会议。④ 2018年7月，来自中国14个省（区、市）和俄罗斯9个地区的203家企业齐聚叶卡捷琳堡参加中俄博览会。⑤ 首个中俄地方合作园在青岛正式启动。⑥ 青岛市政府计划投资300亿卢布在莫斯科建立中俄地方合作园，确保与青岛园区相互协作，⑦ 鼓励中国企业在俄罗斯开展商业活动。

---

① ЦБ РФ назвал безосновательным отказ китайских банков из-за санкций против России//Пятый канал（Россия），15 сентября 2018 г. URL：https：//www. 5 – tv. ru/news/220384/cbrfnazval-bezosnovatelnym-otkaz-kitajskih-bankov-izza-sankcij-protiv-rossii/.

② О старте проектов Годов российско-китайского межрегионального сотрудничества//МИД России，12 февраля 2018 г. URL：http：//www. mid. ru/foreign _ policy/news/ – /asset _ publisher/cKNonkJE02Bw/content/id/3070896.

③ Состоялось второе заседание Межправительственной российско-китайской комиссии по сотрудничеству и разви-тию Дальнего Востока и Байкальского региона РФ и Северо-Востока КНР//Правительство России，22 августа 2018 г. URL：http：//www. government. ru/news/33726/.

④ Встреча с участниками круглого стола по российско-китайскому межрегиональному сотрудничеству//Президент России，11 сентября 2018 г. URL：http：//www. kremlin. ru/events/president/news/58529.

⑤ Российско-китайское ЭКСПО содействует углублению торгово-экономического сотрудничества двух стран//Китайский информационный Интернет-центр，23 июля 2018 г. URL：http：//www. russian. china. org. cn/exclusive/txt/2018 – 07/23/content_57813849. htm.

⑥ Парк российско-китайского межрегионального сотрудничества начал работу в Циндао//Китайский информацион-ный Интернет-центр，2 мая 2018 г. URL：http：//www. russian. china. org. cn/exclusive/txt/2018 – 05/02/content_51083139. htm.

⑦ Ли Хуэй：Укрепить консенсус по развитию и создать путь к совместному процветанию//Российская газета，9 сен-тября 2018 г. URL：https：//www. rg. ru/2018/09/09/posol-knr-v-rf-rossiia-i-kitaj-sozdadut-put-k-sovmestnomu-procvetaniiu. html.

俄罗斯很多地区能够加强与中方的合作并吸引大量来自中国的投资。在远东地区中国投资额约占总投资额的7%，① 占外国投资总额的80%，中国投资者的数量也正在增加。② 中国公司积极参与符拉迪沃斯托克自由港和远东超前发展区的工作，共参与了30个项目。③ 2017年这些项目的总投资额超过40亿美元，④ 涉及农业、林业、建筑材料、轻工业、能源、矿产、贸易等领域。2017年，中国与俄罗斯远东联邦区的贸易额超过77亿美元。⑤

中俄地方间政治、经济和文化合作正逐渐从边境地区延伸到内陆地区，充分覆盖了两国的领土。两国地方间和城市间均有广泛的合作。

地方合作的一个重要机制是各区域之间签署框架协议。俄罗斯积极参与这种地方合作的有巴什科尔托斯坦、莫尔多瓦、楚瓦什和萨马拉州，而中国则是四川、安徽、湖北和重庆。⑥ 大多数协议都集中在科学和贸易合作领域。

从一些项目实施的角度来看，地方层面的合作取得了成功。地区层面一些项目的成功实施增加了投资和就业机会，对当地的社会经济发展产生了积极影响。项目实施过程中所积累的合作经验使中俄双方均能获利并有助于未来投资规模的增加。2018年最有发展前

---

① Объемы инвистиций Китая в проекты на Дальнем Востоке оценили в 7%//Деловой Петербург，9 сентября 2018 г. URL：https：//www. dp. ru/a/2018/09/09/Obemi_investicij_Kitaja_v.

② Инвестиции Китая в Дальний Восток в 2018 г. сохранятся на уровне 80%//Московский комсомолец，26 дека-бря 2018 г. URL：https：//www. mk. ru/economics/2018/12/26/investicii-knr-ostayutsya-na-urovne – 80 – vsekh-inostrannykh-vlozheniy-v-dfo. html.

③ В ТОР на Дальнем Востоке реализуется более 30 проектов с участием капитала КНР//ТАСС，21 августа 2018 г. URL：https：//www. tass. ru/ekonomika/5474516.

④ Китай реализует на Дальнем Востоке 28 проектов на 4 млрд долларов//Российская газета，29 декабря 2017 г. URL：https：//www. rg. ru/2017/12/29/kitaj-realizuet-na-dalnem-vostoke – 28 – proektov-na – 4 – mlrd-dollarov. html.

⑤ ВЭФ：развитие Дальнего Востока, мировая торговля, протекционизм и расчеты в национальных валютах//ICTSD，15 сентября 2018 г. URL：https：//www. ictsd. org/bridges-news/мосты/news/вэф-развитие-дальнего-востока-мировая-торговля-протекционизм-и-расчеты-в.

⑥ Развитие межрегионального сотрудничества обсудили в ПФО в формате 《Волга-Янцзы》//Моя Удмуртия，19 июля 2018 г. URL：http：//www. myudm. ru/news/2018 – 07 – 19/razvitie-mezhregionalnogo-sotrudnichestva-obsudili-v-pfo-v-formate-volga-yantsy-fot.

景的投资项目如下。

1. 中国能源工程公司在滨海边疆区进行了谈判。① 双方签署了关于建造石油加工厂的意向协议。计划投资额约为 500 亿卢布。在该项目的框架内可以实现中国能源工程公司、俄罗斯石油公司和俄罗斯地质勘探公司之间的合作。

2. 在哈巴罗夫斯克建造制浆造纸联合工厂。② 于 2019 年立即开始建设。该工厂每年可生产 50 万吨硫酸盐纸浆。③ 对该地区社会经济的主要影响在于为 2000 多人创造了额外的就业机会。

3. 在巴什科尔托斯坦共和国的锡拜市建造一座日产 5000 吨熟料的水泥厂。④ 通过租赁土地建设工厂。中国四川省君和环保股份有限公司将投资额约 130 亿卢布。工厂相关项目和计划均在制订中。

4. 中国五环公司和萨拉托夫州政府、俄罗斯"矿业特殊项目有限责任公司"签署了一项关于建设矿物肥料生产厂的三方协议。⑤ 中方总投资额为 15 亿美元，预计将获得 65% 的股份。这个项目的特点在于三方协议明确规定了各方的义务。例如，萨拉托夫州政府承诺解决土地问题，并负责与市政当局的合作。根据已通过的项目路线图，工厂将于 2024 年投入使用。

5. 2018 年，关于在中国上海地区建立丁腈橡胶联合生产项目的谈判重新启动。⑥ 该项目早前已进行积极讨论，但由于市场形势的变

---

① Китайцы построят нефтеперерабатывающий завод в Приморье//PrimaMedia, 13 сентября 2018 г. URL：https：//www.primamedia.ru/news/734357/.

② Объемы инвестиций Китая в проекты на Дальнем Востоке оценили в 7%//Деловой Петербург, 9 сентября 2018 г. URL：https：//www.dp.ru/a/2018/09/09/Obemi_investicij_Kitaja_v.

③ Строительство целлюлозно-бумажного комбината в Хабаровском крае может начаться в 2019 году//Губерния, 22 августа 2018 г. URL：https：//www.gubernia.com/news/economy/stroitelstvo-tsellyulozno-bumazhnogo-kombinata-v-khabarovskom-krae-mozhet-nachatsya-v－2019－godu/.

④ Из водоносов в цементные короли. Что стоит за проектом китайцев в Башкирии//Реальное время, 10 декабря 2018 г. URL：https：//www.realnoevremya.ru/articles/122450－investory-iz-kitaya-hotyat-stroit-cementnyy-zavod-v-sibae.

⑤ Завод ждет китайского одобрения//Коммерсант, 16 августа 2018 г. URL：https：//www.kommersant.ru/doc/3714385.

⑥ СИБУР и Sinopec возобновили анализ проекта завода в Китае//Neftegaz.RU, 10 декабря 2018 г. URL：https：//www.neftegaz.ru/news/view/177271－SIBUR-i-Sinopec-vozobnovili-analiz-proekta-zavoda-v-Kitae.

化而搁浅。

在分析中俄合作时通常会涉及大型联邦和地区项目。此外，根据专家的分析，过去30年中国中小企业在俄罗斯一直十分活跃。根据2018年2月的数据，共有5867家中国公司在俄罗斯开展业务。①大多数中国公司在莫斯科（1946家）、滨海边疆区（652家）、圣彼得堡（366家）和阿穆尔州（327家）开展业务。据俄方调查，中国的中小企业分布在俄罗斯的74个地区。② 无论宏观经济形势如何，中国公司的数量都在增加，这表明中国企业发展的主要制约因素是对俄罗斯商业环境的特殊性缺乏了解。因此，2019年将撰写说明俄罗斯监管特征的专门报告来提高中国制造商对俄投资环境的认识。

中国和俄罗斯各自发挥竞争优势，贸易领域快速地反映了中俄协作的成就。贸易方面的成就促进着经验的积累和可持续合作所必需的基础设施的发展，为推动包括支付系统和银行领域的合作创造了极大的可能性。电子商务领域的合作能够促进支付基础设施的发展，并对支付服务产生积极影响。可以通过与中国银联联合发行双标卡来发展支付基础设施。③ 类似项目的实施将提高互联网购物的便利性。

可以预见，投资合作的发展将主要依靠试点项目的实施。这一阶段将为对某些地区重要项目的实施积累必要经验。因此地方合作将继续发挥重要作用。而强化的合作使得将来转向广泛的、能够促进中俄之间投资总量增加的合作成为可能。同时选择投资项目非常重要，因为他们能够创造最大的外部经济效益。

---

① Кашин В., Дружинин А. Вопреки кризису: как китайский бизнес наращивает присутствие в России//РБК, 24 апреля 2018 г. URL: https://www.rbc.ru/opinions/economics/24/04/2018/5adee8c39a7947b744df3c90.

② Кашин В., Дружинин А. Вопреки кризису: как китайский бизнес наращивает присутствие в России//РБК, 24 апреля 2018 г. URL: https://www.rbc.ru/opinions/economics/24/04/2018/5adee8c39a7947b744df3c90.

③ UnionPay, Мир и ВБРР договорились о старте эмиссии кобейджинговых карт UnionPay-Мир//UnionPay International, 11 июля 2018 г. URL: https://www.unionpayintl.com/ru/mediaCenter/newsCenter/companyNews/4030.shtml.

六、科学和技术在中俄关系中的作用

（一）中俄科技合作

中俄的科技合作是多方面的。其发展的新阶段正在到来，在这一领域最重要的是，在新的应用技术和基础研究领域进一步扩大科学联系，提高合作效率。

2019年4月2日，中俄总理定期会晤委员会科技合作分委会中俄高技术和创新工作组第十一次会议在莫斯科举行。会上建立了协调竞争性选择联合项目提案的机制，讨论了建立联合实验室和研究中心的问题，首先解决需要进行国际合作的科学项目和那些对整个国际社会具有重要意义的科学问题。① 优先合作领域包括预防自然灾害及其后果、防治水和空气污染、地理空间技术、新能源和可再生能源、天文学、生物技术和生物医学、海洋和极地科学、纳米技术、光子学、用于研究的基础设施、大科学工程等。② 其中一个有前景的领域是大科学工程。两国已联合成立专家工作组，以制订各个科学领域的合作提案与中国参与实施核研究联合研究所项目的机制和形式。③

作为重要的一步，会议讨论了未来制定中俄科技合作的路线图问题，包括合作竞赛、大科学项目、研究基础设施的发展、吸引青年科学家参与联合研究等问题。中方还提出了中俄科技领域天才互

---

① Григорий Трубников: Совместные проекты и программы России и Китая в области научно-образовательного со-трудничества-это важная часть стратегического партнерства наших государств//Министерство науки и высшего образования, 2 апреля 2019 г. URL: https://www.m.minobrnauki.gov.ru/ru/press_center/card/?id_4=1229.

② Там же.

③ Совместные проекты России и Китая в области научно-образовательного сотрудничества-важная часть страте-гического партнерства//Новости сибирской науки, 3 апреля 2019 г. URL: http://www.sib-science.info/ru/fano/grigoriy–02042019.

换方面的目标方案和中俄青年学者互换方案。①

2018年10月，在莫斯科"开放式创新"论坛期间举办了"中俄科技创新日"活动。中俄商定于2019年6月在哈尔滨市举办第二届"中俄科技创新日"活动。② 2018年7月，在叶卡捷琳堡举办的中俄博览会的框架内举行了"中俄科技合作和技术转移圆桌会议"。③ 双方计划联合举办一系列科学活动，如专题会议、圆桌会议和展览等，同时吸引青年科学家、学生和研究生来参与。

在2018年6月8日签署的《中华人民共和国和俄罗斯联邦联合声明》中，在高科技领域中单独提到了航天领域。双边合作最重要的任务之一是在《中华人民共和国国家航天局与俄罗斯联邦国家航天集团公司2018—2022年航天合作大纲》框架下深化双方协作，并共同推动金砖国家开展航天合作。④

近年来，中俄在航天研究领域的合作呈现良好趋势。2017年11月，中华人民共和国国家航天局与俄罗斯联邦国家航天集团公司签署了2018—2022年的航天合作大纲。

2018年3月3日，中华人民共和国国家航天局与俄罗斯联邦国家航天集团公司在东京"国际太空探索论坛"框架下签署了《中国国家航天局与俄罗斯国家航天集团关于月球和深空探测的合作意向书》，意味着中俄在航天领域的合作将有进一步动作。同时还将设立探月项目数据中心。双方探讨了在俄罗斯2022年发射"月球-26"号轨道探测器框架下的协作问题，并且还讨论了在中国拟于2023年在月球南极着陆项目中合作的可能性。⑤

中俄双方还签署了《中华人民共和国国家航天局与俄罗斯联邦

---

① Совместные проекты России и Китая в области научно-образовательного сотрудничества-важная часть страте-гического партнерства//Новости сибирской науки, 3 апреля 2019 г. URL: http://www.sib-science.info/ru/fano/grigoriy-02042019.

② Там же.

③ Там же.

④ Совместное заявление Российской Федерации и Китайской Народной Республики//Президент России, 8 июня 2018 г. URL: http://www.kremlin.ru/supplement/5312.

⑤ На космодроме ГКЦ завершились работы по графику первого стартового дня//Квант, 7 марта 2018 г. URL: http://www.nppkpkvant.ru/category/roskosmos/page/12.

国家航天集团公司关于在空间碎片监测和数据应用领域合作的协定》。① 此外，还签署了《中华人民共和国政府和俄罗斯联邦政府关于和平使用北斗和格洛纳斯全球卫星导航系统的合作协定》，② 这将为中俄两国卫星导航领域开展广泛合作提供法律和组织保障。

另一个优先合作领域——核能领域的合作计划也富有前景。中俄2018年6月签署关于俄罗斯参与建设采用VVER-1200型反应堆的田湾核电站第四期工程7、8号机组的政府间议定书和框架性合同。该合同由中国核工业集团公司和俄罗斯国家原子能集团公司签署。此外，双方还签署了关于建设采用VVER-1200型反应堆的徐大堡核电站（辽宁省）3、4号机组的议定书和框架性合同。2018年11月6日，在首届上海国际进口博览会期间，中俄签署了有关田湾核电站7号和8号新机组技术项目和快中子反应堆CFR-600的执行协议。俄罗斯原子能建设出口股份有限公司（俄罗斯国家原子能集团公司工程部）和中国核工业集团公司商定为采用VVER-1200反应堆的田湾核电站新机组制定技术和优先工作文件。合作是在俄罗斯最新技术"Ⅲ+"基础上进行的。田湾核核电站7、8号机组预计分别将于2026年、2027年投产，徐大堡核电站的两个机组将在2028年投入使用。③

中国核工业集团公司和俄罗斯国家航天集团下属企业阿夫里坎托夫机械制造试验设计局签署了在福建省建造快中子示范反应堆CFR-600的执行合同。双方同意展开一揽子合作，包括提供专门设备，培训中国专家，授予俄罗斯结算代码的使用许可证，以及审查文件。④

---

① 23-я регулярная встреча глав правительств России и Китая//Правительство России，7 ноября 2018 г. URL：http：//www.government.ru/news/34600/.

② Россия и Китая подписали соглашение о сотрудничестве в сфере глобальных спутниковых систем//Вести Эконо-мика，7 ноября 2018 г. URL：https：//www.vestinance.ru/articles/109761.

③ Росатом расширяет сотрудничество с Китаем//REX，20 июня 2018 г. URL：http：//www.iarex.ru/articles/58400.html.

④ С китайским размахом//Страна Росатом，13 ноября 2018 г. URL：http：//www.strana-rosatom.ru/2018/11/13/c-китайским-размахом/.

2018年6月份签署的一系列核能合作协议中还有一个有趣的项目是为中国提供新一批放射性同位素热能设备，它们是中国登月计划所需的放射性同位素热电发电机的重要设备。① 该项目已于2018年11月完成。②

由于近年来，俄罗斯国家航天集团一直在积极开发核能项目，不仅有核能项目，还有核医学、数字化、复合材料、3D打印和机床制造。未来不排除中俄核专家在突破性科学领域扩大合作的可能性。

（二）中俄人工智能合作

过去十年人工智能已成为大国之间竞争的主要领域之一。中国和俄罗斯当前正致力于人工智能在军事和民用领域的发展。

中华人民共和国于2017年制定了一项富有前景的人工智能发展规划，按计划到2030年将人工智能转变为全新的、快速增长的经济产业，总产业规模为1万亿元人民币。③ 据推测，届时它将为国家GDP增长每年贡献0.8—1.4个百分点。④ 中国人工智能发展战略计划在实现军事与民用创新之间的联系密切，在建立强大的协调中心的情况下，实施重大的国家和私人投资。

从中国方面的情况看，在当前全球民用人工智能领域的竞争中，中国与少数国家同属领先集团行列，特别是在应用性技术开发和智能设备的场景构建等方面已经基本处于国际领先水平，其表现主要有以下几个方面。

---

① Росатом расширяет сотрудничество с Китаем//REX, 20 июня 2018 г. URL：http：//www.iarex.ru/articles/58400.html.

② Росатом поставил ядерные источники энергии для китайской лунной миссии//РИА Новости, 12 декабря 2018 г. URL：https：//www.ria.ru/20181212/1547869187.html.

③ Google займется развитием ИИ в Китае, создав первый центр во всей Азии//Regnum, 14 декабря 2017 г. URL：http：//www.regnum.ru/news/2357196.html.

④ Artificial Intelligence：Implications for China//McKinsey Global Institute, April 2017. URL：https：//www.mckinsey.com/~/media/McKinsey/Featured%20Insights/China/Artificial%20intelligence%20Implications%20for%20China/MGI-Artificial-intelligence-implications-for-China.ashx.

第一，中国学者在人工智能领域的论文总量与高被引论文数量均为世界第一。据统计，2017年中国学者发表的人工智能论文数量占全球的27.68%，① 且被引论文数量从2013年起便一直居于世界首位。② 1997—2017年，中美两国的人工智能论文总数均超过3万篇。

第二，中国在人工智能的人才储备方面相对比较丰富。截至2017年，达到统计标准的全球人工智能人才总数为204575人，其中，中国的人工智能人才数量为18232人，占据世界总量的8.9%，③ 仅次于美国，位列世界第二。

第三，中国在人工智能领域全球专利布局方面较为完整。截至2017年，中国、美国和日本三国已经成为在人工智能领域申请专利最多的国家，三国占据了全球总体专利公开数量的74%。目前在三个国家中，中国的专利数量稍稍领先。④

第四，中国人工智能企业从数量和资本充足度方面已达世界第二。从2012年以来，中国人工智能企业迅速增长，截至2018年6月，中国人工智能企业数量已经超过1000家，位列世界第二。同时，2013—2018年中国人工智能企业融资规模已经超过美国，位居全球第一。⑤

第五，中国已经形成了庞大的人工智能市场。按照目前发展态势估测，未来中国很可能成为全球最大的人工智能市场。

第六，在政策层面上形成了系统的发展规划。从2015年起，国务院、国家发改委、工信部、中央网信办多次发布政策文献指导和

---

① Китай привлекает до 60% мировых инвестиций в искусственный интеллект//Красная весна, 14 июля 2018 г. URL: https://www.rossaprimavera.ru/news/f2a37625.

② Ковалев М., Ван С. Китай в XXI веке-мировая инновационная держава. Минск: Издательский центр БГУ, 2017. С. 117.

③ Чжунго жэньгун чжинэн фачжань баогао [Отчет о развитии искусственного интеллекта в Китае]//Цинхуа дасюэ чжунго кэцзи чжэнцэ яньцзю чжунсинь. URL: http://www.stdaily.com/index/kejixinwen/2018-07/13/689842/les/f3004c04e7de4b988fc0b63decedfae4.pdf.

④ China AI Development Report 2018//China Institute for Science and Technology Policy at Tsinghua University, July 2018. URL: http://www.sppm.tsinghua.edu.cn/eWebEditor/UploadFile/China_AI_development_report_2018.pdf.

⑤ Там же.

支持中国人工智能产业的发展，为技术发展和商业落地提供有利的政策条件和充分的资金支持，并为资本市场释放出积极的信号。①

当然，目前中国在人工智能产业发展上仍然存在缺乏顶尖人才、在硬件与算法上的力量相对薄弱等问题，与美国的差距仍比较明显。但综合各方面情况来看，在全球范围内，中国已经坐稳第一梯队的位置，并被普遍视为全球仅次于美国的民用人工智能技术发展第二强国。

俄罗斯关于发展人工智能的国家战略正处于制定的最后阶段，于2019年5月底公布。② 但过去几年各国家部门（俄罗斯联邦通讯与大众传媒部、俄罗斯联邦工业贸易部等）等在该领域已经在执行一些积极的政策，其中包括军事、军工机构。俄罗斯一些领导人包括总统普京在内均就人工智能对未来经济和国防的优先重要性发表过一系列声明。③

与中国一样，武装力量在俄罗斯人工智能的发展中起着重要作用。因此，俄罗斯国防部经常召开人工智能会议，④ 计划在"时代科技城"组建人工智能发展中心。⑤ 2018年3月，俄罗斯国防部、联邦教育和科学部以及科学院召开了人工智能方面的会议，题为"人工智能：问题和解决方案——2018年"。⑥

中方专家认为，当前俄罗斯人工智能的发展水平并不令人满意。无论是论文和专利数量、人才资本、市场规模和融资都不尽如人意。

---

① Чжунго жэньгун чжинэн фачжань баогао [Отчет о развитии искусственного интеллекта в Китае]//Цинхуа дасюэ чжунго кэцзи чжэнцэ яньцзю чжунсинь. URL：http://www.stdaily.com/index/kejixinwen/2018-07/13/689842/les/f3004c04e7de4b988fc0b63decedfae4.pdf.

② В России разрабатывают национальную стратегию в области искусственного интеллекта//Парламентская газета, 7 марта 2019 г. URL：https://www.pnp.ru/politics/v-rossii-razrabatayut-nacionalnuyu-strategiyu-v-oblasti-iskusstvennogo-intellekta.html.

③ Путин：лидер по созданию искусственного интеллекта станет властелином мира//ТАСС, 1 сентября 2017 г. URL：https://www.tass.ru/obschestvo/4524746.

④ Конференция 《Искусственный интеллект：проблемы и пути их решения - 2018》//Министерство обороны РФ. URL：http://www.mil.ru/conferences/is-intellekt.htm.

⑤ Новая 《Эра》：как Минобороны России развивает уникальный военный технополис//Russia Today, 16 апреля 2019 г. URL：https://www.russian.rt.com/russia/article/621873-rossiya-tehnopolis-era-minoborony.

⑥ Конференция 《Искусственный интеллект：проблемы и пути их решения - 2018》//Министерство обороны РФ. URL：http://www.mil.ru/conferences/is-intellekt.htm.

据俄罗斯电子通信协会统计，2017年人工智能市场和机器学习市场规模为7亿卢布（约7100万人民币）。估计到2020年前，市场规模将增至280亿卢布。2007—2017年，俄罗斯用于研发人工智能的资金达到了230亿卢布，这个数字与中美等国的投入有相当大的差距。①

中国和俄罗斯正就人工智能领域的合作进行积极对话。时任俄罗斯总理梅德韦杰夫在声明中指出，俄罗斯将吸引中国在人工智能领域的投资作为优先发展发向之一。② 目前，已知中国公司有可能收购俄罗斯的某些技术，尤其是华为计划收购俄罗斯人脸识别系统开发商VOCORD公司。③ 在中俄投资基金的框架内双方正在讨论人工智能领域合作的新项目，其中机器人技术是两国公司最具商业利益前景的领域。

两国电子商务和通信领域愈发紧密的联系有助于两国的人工智能合作。比如，2019年年初，中国企业阿里巴巴和俄罗斯移动通信公司Megafon、网络公司Mail.ru计划建立大型合资企业。④

在民用人工智能领域，俄罗斯初创企业面临着融资成本高、国内市场规模小、商业发展可能性受限等诸多困难。俄罗斯应当提高人工智能公司的投资吸引力，因为对中国方面来讲，俄罗斯人工智能企业竞争力较低。此外，中方认为，俄罗斯以保证国家安全为目的的对外国投资的限制应在合理的范围内，以利于俄方各类方案的切入和投资合作。

中国和俄罗斯应在人工智能领域基础研究领域发展合作。俄罗斯研究机构在人工智能诸多领域的研究方面也展现出较强的能力。

---

① РАЭК：Российский рынок ИИ за два года вырастет в 40 раз//Хайтек +，14 декабря 2018 г. URL：https：//www.hightech.plus/2018/12/14/raek-rossiiskii-rinok-ii-za-dva-goda-virastet-v－40－raz.

② 23－я регулярная встреча глав правительств России и Китая//Правительство России，7 ноября 2018 г. URL：http：//www.government.ru/news/34600/.

③ Китайские инвесторы распознают российские лица//Коммерсант，25 января 2019 г. URL：https：//www.kommersant.ru/doc/3862081.

④ Китай нам поможет：Alibaba，Mail.ru и Мегафон объединяют силы//Forbes，11 сентября 2018 г. URL：https：//www.forbes.ru/tehnologii/366657－kitay-nam-pomozhet-alibaba-mailru-group-i-megafon-obedinyayut-sily.

中俄两国研究机构可以进行更多的沟通和交流，建立长效合作机制，相互取长补短，针对部分特定细分领域的基础理论和算法方面开展深度合作，而合作研究的成果可以为其他层面的合作奠定基础。

国防工业中人工智能领域的合作仍未展开，但考虑到俄罗斯在包括叙利亚战争在内的相关实践中实际应用方面的丰富经验，该方面的合作很可能会继续推进。[①] 相对而言，中方在这一领域的发展步伐较为谨慎，也缺少直接的实践经验。

中俄应避免人工智能的发展引发新一轮全球军备竞赛。作为自核武器发明以来军事安全领域最重要的技术变革之一，人工智能技术的进步理论上能够大幅提升作战系统的能力，为国家提供低成本和低风险的军事系统，并且具有改变战争形态的潜力。因此，随着人工智能技术的不平衡发展，国际行为体之间军事力量的差距将会在短时间内放大，这种结构性压力很可能会迫使具有相关技术能力的国家卷入新一轮军备竞赛，对全球体系构成重大威胁，也会对中俄两国的安全利益产生影响。当前，在全球范围内，对于如何对待人工智能驱动的致命性武器问题，各方仍存在较大差异，但避免开展人工智能军备竞赛这一基本原则符合中俄两国的利益。在国际法层面尚未完善的情况下，中俄两国应该在此问题上展开对话，其目标是推动各国在军事领域克制使用人工智能武器的冲动，并且对于违反道德伦理标准的研究提前进行规范和限制，规划相关技术标准，避免技术进步所导致的未知风险，防止出现新一轮军备竞赛和武器技术扩散。

中俄应共同致力于防范人工智能时代国家安全风险。作为一个新兴的风险领域，各国针对人工智能技术的安全治理经验很少，难以从过去的实践中吸取经验教训。中俄双方应在风险识别能力建设、

---

① Например, робототехнический комплекс разминирования 《Уран－6》 использовался в Сирии. Российский морской робот 《Галтель》 был успешно использован для поиска неразорвавшихся боеприпасов в районе порта Тартус. Подробнее см.: Тартус: беспилотная подлодка 《Галтель》 обследует дно около базы ВМФ РФ в Сирии//Федераль-ное агентство новостей, 5 октября 2017 г. URL: https://www.riafan.ru/983428-tartus-bespilotnaya-podlodka-galtel-obsleduet-dno-okolo-bazy-vmf-rf-v-sirii.

风险预防能力建设和风险化解能力建设方面开展协商与合作。针对人工智能技术的发展特征，两国应制定有针对性的合作规划，建立相应的合作机制，增强应对风险的能力。

最后，中俄应共同积极构建符合新技术时代要求的全球治理体系。人工智能是知识密集与资本密集领域，参与者呈现出明显的多元化特征，发展路径与传统意义上的自上而下的路径存在明显差异。因此，传统的以政府为绝对主导的治理体系面临着严峻的挑战。建构多方参与的新型治理体系是推动人工智能治理问题的主要路径。中俄两国在国内治理体系建构方面有很多共同特征，在参与全球治理体系的过程中也积累了丰富的经验，面对人工智能技术进步所带来的挑战，两国应加强交流协调，从双边合作开始，逐渐将有益的治理经验拓展到多边层面，推动符合人工智能时代特点的全球治理体系的构建。

七、中俄人文合作

（一）2018—2019年初中俄人文合作概况

2018年，中俄在人文交流领域的合作持续发展。2018年春，习近平主席和普京总统几乎在同一时间再次当选，他们的友好关系是构成全面战略伙伴关系的积极因素之一。鉴于对中俄两国友好合作的贡献，两国领导人分别获得了对方国家颁发的荣誉奖章：习近平于2017年7月获得"圣安德烈"勋章，[1] 普京于2018年6月获得了中华人民共和国"友谊勋章"。[2] 2018年两位领导人联系紧密：他们

---

[1] Путин вручил Си Цзиньпину орден Андрея Первозванного//Газета.ru, 4 июля 2017 г. URL：https：//www.gazeta.ru/politics/news/2017/07/04/n_10259696.shtml.

[2] Владимир Путин награжден орденом Дружбы КНР//Президент России, 8 июня 2018 г. URL：http：//www.kremlin.ru/events/president/news/57701.

共同出席了约 30 场双边和多边活动。[1] 例如，9 月习近平访问了符拉迪沃斯托克的"海洋"全俄儿童中心。[2] 2019 年 4 月，普京在访问北京期间被授予清华大学名誉博士头衔。[3]

中俄双方在 2018 年 6 月 8 日的联合声明[4]中指出，两国应扩大和提高双边文化交流水平，加强两国关系的社会基础，加深两国人民之间的友谊和相互了解，落实中俄两国在人文领域的合作发展计划。

中俄人文合作委员会第十九次会议于 2018 年 10 月在京召开。[5] 会上提到一系列积极趋势，包括扩大两国间游客量，并就未来签订旅游免签协议展开讨论。2018 年旅游业的重要成就与俄罗斯世界杯相关，期间大量中国球迷赴俄观看世界杯。中国公司是该世界杯决赛的主要广告商之一。在 11 月发表的中俄总理第二十三次定期会晤联合公报中，双方高度评价了两国总理定期会晤机制对人文合作的影响。[6]

人文合作领域的发展不仅仅局限于高层的联系。2018—2019 年是中俄地方合作交流年，[7] 这体现了中俄全面战略伙伴关系的高水平

---

[1] Синь шидай, синь фачжань, синь цидай – 2018 нянь чжун-э гуаньси хуэйгу хэ чжаньван [Новая эпоха, новое разви-тие, новые ожидания-ретроспектива и перспективы китайско-российских отношений в 2018 году] //Сина синьвэнь чжунсинь, 17 декабря 2018 г. URL：https：//www. news. sina. com. cn/o/2018 – 12 – 17/doc-ihqhqcir7578143. shtml.

[2] Посещение детского центра 《Океан》//Президент России, 12 сентября 2018 г. URL：http：//www.kremlin.ru/events/president/news/58542.

[3] Владимир Путин стал почетным доктором университета Цинхуа//Президент России, 26 апреля 2019 г. URL：http：//www. kremlin. ru/events/president/news/60380.

[4] Совместное заявление Российской Федерации и Китайской Народной Республики//Президент России, 8 июня 2018 г. URL：http：//www. kremlin. ru/supplement/5312.

[5] Татьяна Голикова совершила рабочий визит в Китай//Правительство России, 30 октября 2018 г. URL：http：//www. government. ru/news/34510/.

[6] Чжун э цзунли ди эршисань цы динци хуэйу ляньхэ гунбао [Совместное коммюнике по итогам 23 – й регулярной встречи премьер-министров России и Китая] //Синьхуа, 7 ноября 2018 г. URL：http：//www. xinhuanet. com/politics/2018 – 11/07/c_1123678360. htm.

[7] О старте проекта Годов российско-китайского межрегионального сотрудничества//МИД России, 12 февраля 2018 г. URL：http：//www. mid. ru/foreign _ policy/news/ -/asset _ publisher/cKNonkJE02Bw/content/id/3070896.

和特殊性。中俄已建立超过135对姐妹城市、友好省份和地区，① 为长期友谊奠定了坚实的社会基础。2018年中俄共同举办了一百多场活动，包括远东中俄青少年艺术周、② 莫斯科"北京之夜"音乐会、③ 广州中俄艺术家作品展"广东·俄罗斯风景画展"、④ 哈尔滨国际冰雪节⑤等，参加这些活动的有俄罗斯人、中俄大学生夏令营的学生等。

2019年，在两国建交70周年纪念日将推动进一步合作。中俄将庆祝人文合作委员会成立20周年。

进一步加强人文合作需要各方加大签证问题的解决力度，特别是简化程序和延长签证时效。目前，与多数欧盟国家和美国不同的是，中国和俄罗斯通常提供单次入境签证，停留时间苛刻。申请签证时间长和费用高，这些问题不仅影响旅游业的发展，同时也在很大程度上阻碍了专家、学术和文化交流。

（二）中俄教育合作

在教育领域，中俄希望增加留学生人数，计划2020年双方交流

---

① Посол Китая в России Ли Хуэй о результатах, достигнутых в торгово-экономическом и гуманитарном сотрудниче-стве Москвы и Пекина//Российская газета, 4 июня 2018 г. URL：https：//www.rg.ru/2018/06/04/posol-kitaia-v-rossii-nazval-kliuchevye-itogi-sotrudnichestva-moskvy-i-pekina.html.

② Юаньдун чжун э циншаонянь ишучжоу чжу туй дифан цзяолю хэцзо [Дальневосточная российско-китайская моло-дежная неделя искусств продвигает обмен и сотрудничество регионов] // Синьхуа, 8 января 2018 г. URL：http：//www.xinhuanet.com/local/2018 - 01/08/c_1122227834.htm.

③ Мосыкэ юйшан бэйцзин жи, бэйцзин чжи е мосыкэ юй чжиинь [Москва встречает 《День Пекина》,《Пекинская ночь》в Москве] //Соху, 29 июля 2018 г. URL：http：//www.sohu.com/a/243969583_108794.

④ Чжун э дифан хэцзо цзяолю нянь-гуандун элосы фэнцзин хуачжань цзай гуанчжоу цзему [Год межрегионального сотрудничества России и Китая-выставка пейзажей провинции Гуандун и России открылась в Гуанчжоу] //Чжунго синьвэнь ван, 13 апреля 2018 г. URL：http：//www.chinanews.com/cul/2018 - 04 - 13/8490601.shtml.

⑤ В Харбине открылся 35 - й Международный фестиваль снега и льда//ТАСС, 5 января 2019 г. URL：https：//www.tass.ru/obschestvo/5976843.

学生数量达到10万人次。① 2018年，中俄各类教育方案框架内的学生交流人数接近9万人，大学交换生数量已达到5万多人。②

在中俄人文合作委员会教育合作分委员会会议上双方提到了扩大大学间合作的问题，包括为中俄合作大学——深圳北理莫斯科大学的发展提供必要的支持，继续发展中俄各类大学联盟，分别在中国和俄罗斯扩大推广俄语和汉语的力度。③

2017年中俄合作大学——深圳北理莫斯科大学在深圳成功创办。目前校区仍在建设中，一些课程在临时上课地点进行。目前，该大学有34名教师来自莫斯科国立大学。根据中方数据，有241名本科生和15名研究生正在该大学就读。

除了深圳北理莫斯科大学之外，还建立了数个类似的大学联合项目，如江苏师范大学圣彼得堡彼得大帝理工大学联合工程学院，④由渭南师范学院和莫斯科国立师范大学共同创办的"莫斯科艺术学院"。⑤ 然而，我们对这些联合大学的实际工作知之甚少。中国媒体称深圳北理莫斯科大学为"中俄第一所联合大学"，关于这所大学的发展有大量材料可供查阅。深圳北理莫斯科大学在成立之初进行了广泛的宣传和报道，还得到两国领导人的寄语。⑥

2018年9月东方经济论坛期间，俄罗斯教育部长瓦西里耶娃在报告中提出俄罗斯人学习中文的兴趣日益浓厚。据她介绍，目前在

---

① Россия и Китай подписали протокол об увеличении обмена учащимися//Российское образование, 30 октября 2018 г. URL: http://www.edu.ru/news/international/rossiya-i-kitay-podpisali-protokol-ob-uvelichenii – /.

② Там же.

③ Там же.

④ Политех и Цзянсуский педагогический университет открыли Совместный инженерный институт//Санкт-Петербург-ский политехнический университет Петра Великого, 22 сентября 2016 г. URL: https://www.spbstu.ru/media/news/international_activities/jiangsu-polytechnic-joint-engineering-institute.

⑤ МПГУ договорился о создании российско-китайского университета искусств//РИА Новости, 9 апреля 2016 г. URL: https://www.ria.ru/20160409/1405941641.html.

⑥ 申ьчжэнь хэбэй мосыкэ дасюэ даньшэн цзи: си цзиньпин чжуси хэ пуцзин цзунтун доу сян та чжухэ хэцы [От-крытие Университета МГУ-ППИ в Шэньчжэне: Си Цзиньпин и президент Путин выступили с поздравительными речами] //Сина синьвэнь чжунсин, 14 сентября 2017 г. URL: http://www.edu.sina.com.cn/gaokao/2017 – 09 – 14/doc-ifykymue6037630.shtml.

俄罗斯共有130所中小学的1.9万名学生在学习汉语。① 此外，2019年起，汉语将被纳入中学毕业会考，作为第五门可被选修的外语纳入到俄罗斯国家统一考试。② 掌握了中文的太空、能源、教育和卫生领域专家最受欢迎。③ 据中方数据表明，俄罗斯230所大学中的2.6万名大学生和80多所中学的1.2万名儿童在学习汉语。④ 目前，俄罗斯有22所孔子学院和孔子课堂。⑤

据中方统计，目前中国有153所大学开设俄语专业，共150所大学、83所中学和6所小学教授俄语课程。⑥ 俄罗斯在中国开设了22个俄语中心。⑦

在教育和科研领域也存在一些消极的因素。

一是中俄相互留学吸引力始终不高。近年来，中俄两国政府不断采取措施支持、鼓励更多本国学生到对方国家留学，通过国家公派、校际合作以及自费留学等渠道的留学人员数量不断上升。但从目前中俄两国学生留学状况看，中俄都不是对方优先的留学目的地：中俄两国大学生留学主要方向都是美国、德国、英国等传统教育强国，中俄在这方面的竞争力稍显不足。如果从交通便利、文化和语

---

① Васильева：в России растет интерес к изучению китайского языка//ТАСС, 11 сентября 2018 г. URL：https://www.tass.ru/vef - 2018/articles/5552500.

② Выпускники сдадут ЕГЭ по китайскому//Российская газета, 27 августа 2018 г. URL：https://www.rg.ru/2018/08/27/vypuskniki-sdadut-ege-po-kitajskomu-iazyku.html.

③ Голикова рассказала, в каких сферах пригодится китайский язык//РИА Новости, 30 октября 2018 г. URL：https://www.ria.ru/20181030/1531738746.html.

④ Чжун-э сюэчжэ шэньду дуйхуа цзянхуа юань чжэнцэ чэнго цзяолю хуцзянь [Диалог между китайскими и российскими учеными, интенсификация обмена и изучения результатов языковой политики]//Жэньминь ван, 3 декабря 2018 г. URL：http://www.edu.people.com.cn/n1/2018/1203/c1006 - 30439190.htm.

⑤ Протокол шестнадцатого заседания Российско-Китайской комиссии по гуманитарному сотрудничеству//Офийи-альный сайт Минобрнауки РФ, 8 июля 2016 г. URL：http://www.минобрнауки.рф/документы/8147/файл/7487/Протокол - 16.pdf.

⑥ Чжун-э сюэчжэ шэньду дуйхуа цзянхуа юань чжэнцэ чэнго цзяолю хуцзянь [Диалог между китайскими и российскими учеными, интенсификация обмена и изучения результатов языковой политики]//Жэньминь ван, 3 декабря 2018 г. URL：http://www.edu.people.com.cn/n1/2018/1203/c1006 - 30439190.html.

⑦ Васильева：в России растет интерес к изучению китайского языка//ТАСС, 11 сентября 2018 г. URL：https://www.tass.ru/vef - 2018/articles/5552500.

言熟悉度、学费等因素进行权衡,中国学生更青睐日本、韩国,俄罗斯学生则更喜欢捷克、波兰等国。①

二是优秀的语言人才仍显不足。当前,尽管中俄重视推动人文交流与合作,相互学习对方语言的人数也在持续增加。但随着中俄合作的发展和深入,两国青年学习彼此语言的人才仍然不足,特别是专业优秀的语言人才极度匮乏。在俄罗斯,对汉语学习的极大热情造成"俄罗斯有很多中国通"的假象。但事实是,俄罗斯人在现实生活中几乎用不着汉语,他们掌握汉语的水平也非常低。近两年来中俄企业对汉语、俄语人才的需求更加旺盛,出现汉语、俄语翻译"千金难求"的情况,缺口巨大。然而,语言类人才受到师资、生源、就业等方面的制约,出现培养速度慢、专业性不足的问题,难以满足市场需要。与此同时,细分领域专家和复合型人才匮乏。俄罗斯的中国问题专家和中国的俄罗斯问题专家大部分集中于政治和国际关系领域。中俄在涉及商务、跨国企业经营等领域中,既懂外语又懂经济、法律和其他专业方面的复合型人才非常稀缺。细分领域专家和复合型人才是中俄两国政府和商界都急需的专业人才,这部分专家的匮乏直接导致中俄在深化务实合作时面临困境。

此外,据中国专家的观点,虽然在俄罗斯汉学研究有超过300年的历史,但当下俄罗斯的中国问题研究环境正在逐步退化:苏联汉学学派曾被认为是世界上最好的汉学学派之一,然而苏联解体后,由于国家投入不足、经费短缺、学术人才管理体制僵化等问题,俄罗斯汉学失去了对青年人的吸引力,致使汉学研究队伍严重流失、萎缩和老化,断代现象日益严重。与此同时,中国学界对俄罗斯问题的研究也存在着年龄老化、观点固化和思维僵化的问题。

中俄两国应继续培养具有外语知识的优秀人才,增加获得两国政府奖学金和助学金的学生人数,并努力提升大学深圳北理莫斯科大学的形象。

---

① У российских студентов появился стимул уехать учиться за рубеж//Независимая газета, 9 августа 2018 г. URL: http://www.ng.ru/economics/2018-08-09/4_7285_working.html.

（三）中俄文化艺术交流

中俄持续在各个领域发展人文合作。两国签署了图书出版领域的谅解备忘录，涉及在俄罗斯出版50卷中国文学作品和在中国出版50卷俄罗斯文学作品。[①] 2017年，俄罗斯的出版商略微领先于中国：在俄罗斯出版了23位作家的书籍，而在中国出版的有22位作家。中俄双方应加强现代文学和青年文学的传播，在电子平台上提供更多书籍，从而加深对中俄现代生活的了解。

在过去的五年中，中国共上映了18部俄罗斯电影，总票房达6500万美元。[②] 据俄罗斯联邦文化部影视局局长主任的数据，2018年，《莫斯科陷落》《花滑女王》《太空救援》《教练》和《冰雪女王3》等电影在中国上映。[③] 此外，中方还参与了《冰雪女王3》的制作。[④] 另外两部进入中国市场的电影也很有前景，它们分别是《维2—中国游记：铁面具之谜》和《战斗民族养成记》，[⑤] 后者由同名电视剧翻拍，该剧深受中国观众喜爱。[⑥] 中方提议该剧的创作者制作一部关于一个中国男青年爱上俄罗斯姑娘的冒险故事的影片。预计该电影在中国的票房约4000万美元。[⑦] 中国的电影市场发展迅速，

[①] Россия и Китай усилят гуманитарное сотрудничество//ЭКД！, 30 мая 2017 г. URL：http：//www. ekd. me/2017/05/rossiya-kitaj-usilyat-gumanitarnoe-sotrudnichestvo/.

[②] 107-й кинорынок：сессия《Развитие регионального кинопоказа》+ воркшоп по《русско-китайскому сотрудничеству》//Синемаплекс, 7 декабря 2018 г. URL：http：//www. cinemaplex. ru/2018/12/07/kinorynok-sessia-vorkshop. html.

[③] Там же.

[④] 《Снежная Королева 3》показала блестящий старт в Китае//Кинометро, 8 апреля 2018 г. URL：http：//www. kinometro. ru/news/show/name/SnowQueen3_starts_China_7994.

[⑤] 107-й кинорынок：сессия《Развитие регионального кинопоказа》+ воркшоп по《русско-китайскому сотрудничеству》//Синемаплекс, 7 декабря 2018 г. URL：http：//www. cinemaplex. ru/2018/12/07/kinorynok-sessia-vorkshop. html.

[⑥] В китайском прокате идет под названием《Чжаньдоу миньцзу янчэн цзи》［Хроника того, как я стал частью воинст-венной нации］.

[⑦] В России и Китае покажут первую совместную комедию《Как я стал русским》//Комсомольская правда, 29 ноября 2018 г. URL：https：//www. kp. ru/daily/26914/3960450/.

与俄罗斯在该领域的合作具有远大的前景。

中俄成功开展动画制作领域的合作。中国央视动画有限公司与俄罗斯瑞奇集团联合制作动画系列《熊猫和开心球》（每集12分钟，共52集）。前26集于2019年年末播出。该项目的成功合作将促使中方进一步投资俄罗斯电影和动画创作的不同阶段（剧本、制作、后期）。①

但在两国人民的关系方面，相互了解的程度还不够，还存在刻板的理解和错误的印象，这些很大程度上受到复杂的中俄关系史以及中国人、俄罗斯人在文化与思想方面存在巨大差异的影响。双方应当积极发展两国青年文化的紧密性，以使中俄友谊代代相传。为此，应当注意互联网、新媒体和社会平台的作用。其中，中俄可以在举行大型文化活动期间使用视频和其他渠道加以推进。

（四）中俄体育交流

中俄体育合作的法律法规基础包括中华人民共和国国家体育总局与俄罗斯联邦体育部之间关于成立协调"丝绸之路国际汽车拉力赛"准备和实施的工作组的谅解备忘录、中华人民共和国体育总局与俄罗斯联邦体育部关于筹备2022年冬奥会的合作的谅解备忘录和关于建立中俄极致运动联合研究工作组的谅解备忘录。②

2018年10月，中俄人文合作委员会第19次会议召开，会上双方通过了体育合作备忘录。协议涉及在筹备和组织2022年冬奥会期间的合作，冬季体育项目的发展，组织大型体育赛事的经验交流，支持"丝绸之路国际汽车拉力赛"的联合组织，甚至还有体育领域

---

① Официальная презентация российско-китайского анимационного проекта 《Крош и Панда》в Гуанчжоу//Мир Сме-шариков, 4 октября 2017 г. URL：http：//www.smeshariki-mir.ru/?p=12862.

② Государственная политика в сфере спорта и международного сотрудничества//Министерство спорта РФ, 25 янва-ря 2017 г. URL：https：//www.minsport.gov.ru/sport/high-sport/40/30014/?special_version=Y.

的联合研究等。①

2018年12月，第二届中俄冬季青少年运动会在俄罗斯乌法②举行。中俄双方各有98名运动员参加比赛。③ 从2006年起，中俄就开始组织这样的比赛，而在此次比赛之前，已经在天津（2006年）、莫斯科（2007年）、北京（2009年）、奔萨（2011年）、上海（2013年）、伊尔库茨克（2015年）和广州（2017年）开展了青少年运动员夏季项目的比赛。首届冬季运动会于2017年在哈尔滨举办。

2019年，克拉斯诺亚尔斯克世界大学生冬季运动会组委会与中国大学体育联合会合作，在选拔的基础上邀请了来自哈尔滨的数十名中国志愿者参加④（2009年的世界大学生冬季运动会在哈尔滨举行）。2019年2月，中国志愿者还参加了在南萨哈林斯克举行的首届"亚洲儿童"国际冬季运动会。

（五）中俄媒体合作

中俄媒体持续在加强中俄关系的社会基础方面发挥重要作用。借助2016—2017中俄媒体交流年的影响力，两国媒体机构的合作领域在2018年明显多元化，内容更加丰富。与此同时，中俄媒体不仅要应对媒体技术的进步，还要应对国际信息环境中日益激烈的竞争，包括不公平竞争与直接歧视。中国和俄罗斯媒体驻美机构必须注册为"外国代理人"，这使得情况更加尖锐。俄罗斯联邦通讯与大众传

---

① Татьяна Голикова совершила рабочий визит в Китай//Правительство России，30 октября 2018 г. URL：http：//www.government.ru/news/34510/.

② Уфа ждет участников II Российско-Китайских молодежных зимних игр//Федеральный центр подготовки спор-тивного резерва，7 декабря 2018 г. URL：http：//www.fcpsr.ru/press-tsentr/novosti/fcpsr/1953 - ufa-zhdjot-uchastnikov-ii-rossijsko-kitajskikh-molodjozhnykh-zimnikh-igr. html.

③ Россия пригласит иностранных волонтеров на зимнюю Универсиаду - 2019//РИА Новости，8 ноября 2018 г. URL：https：//www.sn.ria.ru/20181108/1532339249. html.

④ Россия пригласит иностранных волонтеров на зимнюю Универсиаду - 2019//РИА Новости，8 ноября 2018 г. URL：https：//www.sn.ria.ru/20181108/1532339249. html.

媒部副部长阿列克谢·沃林在上海第四届中俄媒体论坛上表示，中俄媒体在世界市场上遭遇到了不公平的竞争，这部分表现在对政策的正当性质疑，或者是信息传播直接限制。①

全球信息环境面临的新挑战促使两国媒体寻找可靠有效的方式传播重要信息。从这个角度来看，应当关注数字媒体发展的合作。该领域的合作计划可以得到政府支持。正如俄政府副总理阿基莫夫所说，应当考虑制订中俄媒体在数字领域的合作方案，为两国媒体发展建造良好的数字化环境，制定合作项目，巩固两国媒体在国际市场上的地位。②

总的来说，中俄在新媒体领域和社交网络方面的活力不足。以代表国家形象的外交机构为例，目前俄罗斯驻华使馆在新浪微博上的粉丝数量不足20万，③俄罗斯驻华大使馆2017年年底才开通微信公众号；与此同时，中国驻俄罗斯大使馆在俄最大的社交媒体平台VK上的关注人数只有800名左右。④与此形成鲜明对照的是，一些国家的外交代表处运用社交媒体更为有效：作为对比，美国驻华使馆在新浪微博上的粉丝数量超过238万，⑤微信公众号粉丝超过50万。

中俄人文合作委员会媒体合作分委员会第十一次会议的备忘录提出，在两国建交70周年的背景下，两国媒体应该在重大事件报道和联合拍摄方面加强合作，发挥积极作用。

会议期间，俄罗斯方面提出依托中国地方电视频道，扩大带有中文字幕的俄语频道节目"喀秋莎"的直播。总体上，根据俄方专

---

① Уфа ждет участников II Российско-Китайских молодежных зимних игр//Федеральный центр подготовки спор-тивного резерва, 7 декабря 2018 г. URL：http：//www.fcpsr.ru/press-tsentr/novosti/fcpsr/1953－ufa-zhdjot-uchastnikov-ii-rossijsko-kitajskikh-molodjozhnykh-zimnikh-igr.html.

② Акимов：России и Китаю необходима программа медиасотрудничества в цифровой сфере//ТАСС, 4 ноября 2018 г. URL：https：//www.tass.ru/ekonomika/5754753.

③ Элосы чжу хуа дашигуань［Посольство России в Китае］//Сина вэйбо. URL：https：//www.weibo.com/p/1001062503806417/home? from=page_100106&mod=TAB&is_hot=1#place.

④ Посольство КНР в РФ//VK. URL：https：//www.vk.com/club66846978.

⑤ Мэйго чжу хуа дашигуань［Посольство США в Китае］//Сина вэйбо. URL：https：//www.weibo.com/usembassy? is_hot=1.

家的观点，两国媒体彼此交流电视节目内容已经成熟，不一定必须遵循数量对等的方式。俄方准备允许尽可能多的中国新闻、政治、纪录片和娱乐节目进入俄方广播电视媒体。这些媒体可以理解为卫星电视、OTT 电视和 IPTV 互联网广播、有线网络等。为了协调这项工作，双方可以建立一个联合机构，协助俄罗斯运营商与中国高质量内容制作商建立联系。该提议得到了两国许多大型媒体公司的支持。例如，SPB TV 已准备好协助在俄罗斯创建一个用于转播中国艺术和纪录片，同时用俄语配音的电视频道。

（六）中俄旅游合作

旅游业在中俄关系中展现出巨大的增长潜力。根据俄罗斯联邦国家统计局的数据，自 2014 年以来，从中国到俄罗斯的旅游人数稳步增加。专家预计，2019 年中国到俄罗斯的游客量将增加 15%—20%，符合近年来的总趋势。[①] 2019 年，游客人数将增加到 200 万人。2016 年以来，两国旅游人数呈增长趋势（表5），尽管 2015 年从俄罗斯到中国的游客数量有所减少。

表5　中俄互访游客数量（千人）

	2014 年	2015 年	2016 年	2017 年	2018 年
中国入境俄罗斯人数	874	1122	1289	1478	1690
俄罗斯入境中国人数	1731	1284	1676	2003	2018

拉里奥诺夫根据俄联邦统计局游客出境人数制作，http：//www.gks.ru/free_doc/new_site/business/torg/tur/tab-turl－2.htm。

然而，俄罗斯对中国游客的吸引力不是最高。2017 年最受中国

---

① В 2019 году регионы России ждут роста турпотока из Китая//Российская газета, 21 января 2019 г. URL: https：//www.rg.ru/2019/01/21/v－2019－godu-regiony-rossii-zhdut-rosta-turpotoka-iz-kitaia.html.

游客欢迎的二十大目的地国家中,俄罗斯仅排名第 12 位。① 中俄之间最热门的红色旅游主要针对群体是中老年旅客,目前大部分中国游客是 50 岁以上的老年人。②

2018 年俄罗斯世界杯为 2019 年中俄旅游业合作的发展做出了重大贡献,有助于提高中国游客对赴俄旅游的认识。世界杯期间,前往俄罗斯的中国球迷数量创造了纪录。莫斯科的游客数量达到了 22.32 万人。③ 中国公民共办理了约 6 万个球迷护照,数量仅次于俄罗斯球迷。俄罗斯世界杯期间中国游客人数排名第一。④

互免团体旅游签证机制使得中国赴俄游客日益增多。但中方专家提出,个人自由行赴俄签证困难阻碍了旅游业发展。根据 2000 年中俄签署的《关于互免团体旅游签证的协定》,⑤ 5—50 人的旅游团按照免签名单可在俄逗留 15 天。互免团体旅游签证机制生效近 20 年来,中俄游客往来日益增多。仅 2018 年,免签赴俄旅游的中国游客就突破了 100 万人次。⑥ 然而,当前自助游成为越来越多游客的选

---

① Чжунго люйю яньцзююань, сечэн фабу 2017 чуцзин люйю дашуцзюй баогао [Академия туризма Китая опубликова-ла Большой статистический отчет выездного туризма за 2017 г.] // Чжунго люйю яньцзююань, 1 марта 2018 г. URL: http://www.ctaweb.org/html/2018-2/2018-2-26-11-57-78366.html.

② Рейтинг предпочтений туристов из Китая, приезжающих в Россию // РИА Новости, 30 января 2015 г. URL: https://www.ria.ru/20150130/1045118375.html.

③ Ростуризм подвел туристические итоги чемпионата мира по футболу FIFA 2018 в России // Ростуризм, 3 августа 2018 г. URL: https://www.russiatourism.ru/news/15818/.

④ Граждане Китая оформили больше всех в мире паспортов болельщика за время проведения чемпионата мира по футболу / Рамблер, 30 октября 2018 г. URL: https://www.news.rambler.ru/asia/41168931 - grazhdane-kitaya-oformili-bolshe-vseh-v-mire-pasportov-bolelschika-za-vremya-provedeniya-chempionata-mira-po-futbolu-posol-knr-v-rf-li-huey/.

⑤ Соглашение от 29 февраля 2000 г. между Правительствами Российской Федерации и Правительством КНР о безвизовых групповых туристических поездках // Паспортно-визовый сервис МВД РФ, 29 февраля 2000 г. URL: http://www.pvsmvd.ru/doc/01%20Международные%20соглашения/014%20Соглашение%20%20между%20 Правительством%20Российской%20Федерацией%20и%20Правительством%20Китайской%20Народной%20 Республикой.pdf.

⑥ Китайский турпоток в Россию с начала 2018 г. превысил миллион // Интерфакс-Туризм, 18 декабря 2018 г. URL: https://tourism.interfax.ru/ru/news/articles/55032/.

择。许多旅行社及游客反映，2000年的协定早已不符合两国旅游交流快速发展的新形势。中国自由行散客在办理赴俄签证时存在签证费用高（官方签证中心的服务成本大概为50美元，基本相当于通过中介公司的费用）、签证中心网点少（仅设在北京、上海、沈阳、广州和香港）等问题。① 同样，俄罗斯的游客在申请中国签证时也遭遇类似问题。目前，中俄双方旅游部门已就修改并重新签署互免团体旅游签证协定进行多轮磋商，新协议的主要修改内容应当包括加快旅客名单信息交换、将团体游客数量从5人减为3人、将境内停留时间从15天延长至21天，以及实行电子文件传递。②

中国游客大部分集中在莫斯科和圣彼得堡。尤其在2018年前三个季度，超过半数中国游客游览了这两座城市。③ 俄罗斯其他地区也有不少中国游客，如伊尔库茨克；后贝加尔边疆区、阿穆尔州、哈巴罗夫斯克、犹太自治州、滨海边疆区等边境地区中国游客数量增长前景乐观。④ 因此发展旅游合作的潜力在于发展必要的基础设施和提高服务质量，使得赴俄国游客在各地区分布更均匀。需要评估中国游客的需求，实施满足其要求的项目。

俄罗斯旅游产品质量不高也是影响中国游客赴俄旅游需求的负面因素，这与中国在俄旅游业的"灰色"性质有关。⑤ 中国公司接

---

① Виза в Россию//Посольство России в Китае. URL：http：//www.russia.org.cn/ru/consular_issues/viza-v-rossiyu.

② Россия и Китай ведут переговоры по соглашению об отмене виз для тургрупп//РИА Новости, 1 августа 2018 г. URL：https：//www.ria.ru/20180801/1525713006.html.

③ Россия и Китай ведут переговоры по соглашению об отмене виз для тургрупп//РИА Новости, 1 августа 2018 г. URL：https：//www.ria.ru/20180801/1525713006.html.

④ В 2019 году регионы России ждут роста турпотока из Китая//Российская газета, 21 января 2019 г. URL：https：//www.rg.ru/2019/01/21/v-2019-godu-regiony-rossii-zhdut-rosta-turpotoka-iz-kitaia.html.

⑤ Круговорот юаня в России. Почему доходы от китайских туристов проходят мимо бюджета//Московский центр Карнеги, 13 марта 2018 г. URL：https：//www.carnegie.ru/commentary/75598.

待团队旅游的"灰色"性质也造成了中国游客量增长对俄罗斯经济并未产生明显的积极作用，而大部分中国游客都是以组团形式赴俄旅游。① 此外，游客数量增长受限也与旅游业人才匮乏有关。结果，游客对食物、住宿和观光不满意。中方还指出，俄境内有资质接待中国免签旅行团的地接社种类繁多，但信誉和质量也良莠不齐，很难确定哪家声誉良好，可以提供优质的服务。为了提高俄罗斯对中国游客的吸引力，提高旅游业对俄罗斯经济的积极影响，有必要加强对旅游服务的监管，确保服务质量，但与此同时应当避免旅游服务的价格大幅上涨。

旅游纪念品是旅游经济的重要环节。由于缺乏对两国不同层次游客需求的充分调研和精准设计，中俄两国的旅游纪念品结构较为单一、制作水平低，不能有效满足游客多样化的需求。

发展俄罗斯赴中国旅游业则需要提高旅行社的可靠性并建立旅游公司破产情况下的游客保险机制，使之免于承担由旅游公司破产而造成回国困难的风险。2018年在海南岛曾发生过类似的情况。②

（七）政策建议

1. 在国际议程制定方面发展战略伙伴关系与协作

（1）2019年，在进一步深化全面战略合作伙伴的背景下，中俄两国共同庆祝建交70周年。为进一步改善双边伙伴关系，从经济投资潜力与安全视角来看，中俄关系的内部平衡性至关重要。俄罗斯

---

① Китайский турпоток в России прирос на 20%，однако его качество удручает//Турпром，23 января 2019 г. URL：https：//www. tourprom. ru/news/41347/.

② Сотни российских туристов не могут вылететь из Китая//Ведомости，8 декабря 2018 г. URL：https：//www. vedomosti. ru/business/news/2018/12/08/788787 - rossiiskie-turisti.

实现出口多样化，双方在数字经济和高科技领域的共同发展以及在欧亚地区建立互惠合作是实现这一平衡的可能条件。

（2）在动荡的国际形势之下，中俄两国应继续共同应对新挑战：反对国际关系的碎片化和逆全球化愈发重要。

（3）新形势也需要全球经济治理的调整。国际组织，包括世界贸易组织、世界银行和国际货币基金组织在内的国际组织都需要更新机制，中国和俄罗斯应积极参与其改革，完善其多边贸易规则。应当提高其决策和争端解决机制的有效性，最大限度地保障发展中国家在世界贸易组织中的利益。同时世界贸易组织《信息技术协定》《政府采购协议》和《与贸易有关的知识产权协定》的制定与补充也非常迫切。

（4）面对美国的压力，中俄须在维护国际安全的国际组织中开展更密切合作，并可扩大现有的针对世界各地危机局势的双边磋商机制。

中俄政府应继续加强合作，确保能源、粮食和金融安全。贸易战使中国的注意力转向建立金融结算替代机制，降低了美元在世界金融中的地位，也为中俄合作创造了额外的机会。从社会和人文合作的角度来看，俄罗斯有必要在中国树立一个现代化、充满活力、友好的形象，在这方面，受过良好教育的积极上进的城市青年是最重要的目标受众，目前他们最感兴趣的国家依然是美国。

（5）在安全领域，扩大联合军演（包括在偏远地区），通过两国国防部加强联系，交换情报信息，加速将两国军事技术合作模式从俄罗斯向中国提供武器转向联合研发和生产，这些问题都具有现实意义。中俄国防企业联合进入第三国市场具有可能性。2019年年初以来美国采取的一系列措施可能会使中俄开辟一些新的合作领域，例如，美国退出《中导条约》以及出台新的导弹防御评估报告，其中正式称中国和俄罗斯为对手，而美国的导弹防御计划正是针对中俄两国的。

（6）在中俄印"战略三角"框架内发展协作仍然是优先事项。可以建立三国领导人有效的会见机制，在其框架内可以开诚布公地讨论欧亚大陆最尖锐的问题及分歧。有必要事先仔细研究各专家和相关部委在各类会晤上提出的问题，准备具体的路线图。建立三方军队之间经常性的协商机制和定期军演也是一项紧迫任务，这有助于解决中印两军之间的信任问题。

在中俄印"战略三角"框架下应关注叙利亚和阿富汗问题、北极合作、联合反恐、移民管理、粮食和能源安全、国际信息交流和人工智能发展、多边军控的发展、联合国、世贸等国际组织的改革、国际公法发展、环境危机、技术进步管理等问题。同样此三角框架也应促进中国、俄罗斯和印度在欧亚大陆相关项目的对接并促进上海合作组织的发展。

（7）上海合作组织的活动应继续坚持多边外交原则，遵守国际法准则，坚决打击各种形式的恐怖主义和极端主义，不将其政治化，也不搞双重标准。各国须加强商务合作以及国家发展计划的对接。在印巴冲突的背景下，上海合作组织应成为两国交流意见和磋商的平台。

（8）在"欧亚经济联盟"与"一带一路"倡议对接进程的框架内，交通运输基础设施的发展仍应是重要的合作领域。为参与"欧亚经济联盟"和"一带一路"倡议对接的商业和政府机构搭建平台具有发展前景。为了了解中国和"欧亚经济联盟"经济监管和商务发展的具体特点，"欧亚经济联盟"相关机构可以与中国合作伙伴一同开展联合分析材料的准备工作，揭示国家监管的特点。

（9）中俄北极合作富有前景，尤其是在北极航道开发、基础设施现代化和科研等领域。

2. 经贸联系

（10）尽管2018年双边贸易额创造了新纪录，但将双边经济联系在质量上提升至新水平仍然是一项紧迫任务。

面对新的挑战须采取有效措施，消除双边经贸合作机制的不足。因此，长期发展是重点，从关注个别项目的合作转向系统合作，制定一系列标准并提供长期的制度保障。为了深化中俄合作，应利用"欧亚经济联盟"与中国之间的经贸合作协议以及"欧亚经济联盟"与"一带一路"倡议对接框架内创造的各种机遇来深化合作。

（11）须增加高附加值商品在俄罗斯出口商品中的比重。更积极地发挥俄公司代表处的潜力，签署一系列协议，确保对俄罗斯产品的稳定需求。发展交通运输基础设施能够降低成本，具有重要意义。

在国家级协议的基础上缔结长期合同可以解决俄罗斯在机械和设备领域出口减少的问题。由于创新大多集中在国有部门，一些技术的转让可通过商业化进行，这将提高俄生产商的竞争力。

（12）就新的天然气项目进行谈判时，建议俄方仔细研究中国能源市场现状和容量并降低价格预期。

（13）中俄须继续致力于改善商业环境。提高两国企业家对中俄经商条件和法律的认识仍然是优先任务。可通过编写中俄法规特点的报告在一定程度上解决这一问题。

为了更好地了解在两国开展业务的具体情况并增加投资者对项目的信心，应利用双边投资基金的机制并建立联合组织和企业。对于俄罗斯来说选择具有最大的正面外部影响的项目尤为重要。

（14）深化农业合作具有广阔前景。有必要在《中国东北地区和俄罗斯远东及贝加尔地区农业发展规划》框架内深化再加工、仓储和物流以及联合投资领域的合作。同样，发展制造业和服务行业的合作也具有现实意义。

（15）中俄经济关系的发展需要加速形成合适的金融基础设施。电子商务领域的合作带动支付服务的完善，促进了支付基础设施的发展。而支付基础设施的发展可以通过与银联合作发行"双标卡"来实现。这一系列项目的实施也将提高互联网购物的便利性。

（16）目前，高技术领域的合作越来越重要。新能源、节能技术、新材料、纳米技术和合理利用自然资源等领域的合作项目富有前景。深化数字经济领域，包括电子商务和电子支付系统的合作非常重要。

3. 科技合作

（17）在现代条件下进一步扩展科技合作并提高新应用技术和基础研究领域的合作效率非常重要。优先合作领域有航天、核能、预防与应对自然灾害、防治水和空气污染、地理空间技术、新能源和可再生能源、天文学、生物技术和生物医学、海洋和极地科学、纳米技术、光子学、研究基础设施、大科学工程等。

（18）在全球人工智能领域竞争日益激烈的背景下，中俄在这一领域的联合基础研究和商业合作尤为重要。基础研究的成果可以作为其他层面合作的基础。两国公司在电子商务和电信领域的密切联系有助于合作的进行。同时，中方认为俄罗斯人工智能公司竞争力较弱，俄方应注意提高这类公司的投资吸引力。

（19）中俄两国应避免由人工智能的发展而引起新一轮的全球军备竞赛。两国政府应就国际法准则保持对话以限制人工智能在军事领域的使用，研究制定相关道德规范、制裁违法行为并制定适当的技术标准。中俄两国应共同致力于防止对国家安全的新威胁，促进建立符合人工智能时代特点的全球治理体系。

4. 人文合作

（20）中俄两国政府应该继续致力促进两国人民相互理解，消除对彼此的偏见与误解。双方应积极拉近两国青年的文化距离，发挥互联网、新媒体和社交网络的作用；中俄应当加强现代文学和青年文学的交流，包括线上平台的交流，以加深两国人民对中俄现代公共生活的理解。

（21）应在中俄教育合作的框架下继续并培养高技能的外语人才，重点培养各类专业人才。重点改善深圳北理莫斯科大学的形象。

（22）全球信息环境面临的新挑战促使中俄两国媒体寻找可靠且有效的方式来传播重要信息，因此两国应关注数字领域的合作。探讨中俄媒体在数字领域的合作规划，其目的是为两国媒体发展建造良好的数字化环境，制定合作项目，巩固两国媒体在国际市场上的地位。

（23）为了增加俄罗斯对中国游客的吸引力，使旅游业的发展能够刺激俄罗斯经济的发展，须加强服务监管，确保服务质量，同时避免其价格大幅上涨。应该更加注意赴中俄国游客在空间上更均匀的再分配。应对中国游客进行充分调研和评估，以满足他们的需求。为了吸引俄罗斯游客，中方应提高旅行社的可靠性并建立保护游客免于承担旅游公司破产风险的机制（曾出现旅行公司破产导致游客无法顺利返回俄罗斯的情况）。两国放宽签证政策能有效刺激旅游业的发展。

在现阶段的旅游合作中可针对两国游客的不同收入层次和喜好设计相关旅游纪念品，同时不能歪曲两国的政治和社会生活。

第二编
学术论文篇

改革开放以来的中（苏）俄关系：思考与启示*

冯玉军

始于1978年的改革开放是中国人民进行的又一场伟大的解放事业和历史性变革。它既是思想的解放、制度的解放，更是人民群众创造力的解放；它既是国内战略与政策的重大转变，也是国际战略与对外政策的重大调整。

改革开放是在中苏关系高度紧张、中国面临苏联巨大安全威胁（苏联在中苏、中蒙边界陈兵百万，苏军入侵阿富汗以及支持越南入侵柬埔寨）的背景下开启的，是以中美建交、中国与西方世界关系全面缓和作为重要外部条件的。40年来，借助改革开放的东风，中国人民的生活水平有了根本性提高，中国的综合国力实现了历史性跨越，中国的国际地位也日益从世界舞台的边缘走向核心。40年来，随着国际形势的重大变化，中（苏）俄关系经历了从对抗到正常化的转变、从睦邻友好关系到全面战略协作伙伴关系的提升。

中俄关系的变化，不仅影响到中国的周边安全、国际环境，也影响到中国的国内治理与制度选择。因此，深入总结40年来中（苏）俄关系的发展历程，对其进行多角度的回顾与思考并得出有益

---

* 本文原发表于《国际观察》2019年第2期。

的启示，是推动改革开放进一步深化的应有之意。

启示之一：中俄关系只能搞好、不能搞坏，合则两利、斗则两伤

回顾20世纪六七十年代，中苏关系的紧张使中国国家发展战略方向从和平建设转向"备战备荒"，在很大程度上延缓了中国的现代化步伐。

随着中苏关系的全面恶化，以准备同苏联"打大仗"为目标的大小"三线"建设成为重中之重，一直持续到70年代中期。"三线"建设历经3个五年计划，投资总额达2052亿元人民币（占该期间全国投资总额的43.4%）。依大、小三线和"山、散、洞"的原则规划工业布局，违反了经济建设规律，造成了人、财、物的巨大浪费。仅大三线建设中因计划不周和上马仓促所造成的直接损失就高达数百亿元，并留下经济效益长期低下的后遗症。

中苏关系紧张还使中国军队长年处于"盘马弯弓箭不发"的临战状态，全军员额进入20世纪70年代即突破600万人，此后长期居高不下。1970—1973年，中国每年直接国防开支保持在140亿—160亿元人民币，占财政支出的20%左右。如加上其他与国防有关的项目及援外军事开支，其比例接近30%（在国民收入中占10%以上），大大超过当时的美国而与苏联基本持平。[①]

20世纪六七十年代，正是世界新技术革命兴起的重要阶段。许多西方国家和亚洲"四小龙"正是抓住这一时机发展新兴产业，实现了经济腾飞。而我国在这一时期却因中苏对抗、全面备战及"文

---

① 徐焰：《"革命加战争"还是和平与发展：五十年来我国对时代特点的认识》，《百年潮》1999年第3期。

革"等原因，与实现现代化的重大历史机遇失之交臂。

对苏联来说，同中国交恶也是影响其国家安全环境的关键因素，使其陷入了准备在东西两线作战的不利境地。20世纪60年代，在整个中苏、中蒙边界上，苏联加强军事设施建设，为此耗资达2000亿卢布。[①] 导弹不断增加，相当于苏联全部导弹的1/3。军队人数也不断增加，包括派到蒙古国的军队总数达到了100万人。[②] 对俄罗斯来说，如果不能同与其拥有漫长边界的中国建立睦邻关系，也谈不上为国内发展创造有利的国际环境。

启示之二："相互尊重、平等互利""不结盟、不对抗、不针对第三方""世代友好、永不为敌"是中俄关系的黄金定律

20世纪80年代中后期，中苏关系开始实现"正常化"。随着"三大障碍"的逐渐去除特别是苏联解体，中国长期面临的国家安全威胁终于不复存在。也只有在这时，中国的全面改革开放、特别是"三北"地区的改革开放才可以成为现实。

1989年5月16日，邓小平在与戈尔巴乔夫的会晤中谈到，中（苏）俄关系有两大症结：一是自近代以来，"从中国得利最大的……一个是日本，一个是沙俄，在一定时期一定问题上也包括苏联……沙俄通过不平等条约侵占的中国土地，超过一百五十万平方公里"；二是中苏关系"真正的实质问题是不平等，中国

---

① 《苏联外交部长爱德华·谢瓦尔德纳泽在苏共二十八大上的报告》，〔苏〕《真理报》，1990年7月5日。（当时1卢布=1.6美元）

② 邓小平：《结束过去，开辟未来》，《邓小平文选》第三卷，人民出版社，2001年版，第293—295页。

人感到受屈辱"。①而苏联解体以来，中俄两国汲取历史的经验教训，以国家利益而非意识形态作为两国关系发展的根本出发点，秉承相互尊重、平等协商、互利双赢的原则发展双边关系，两国关系不断提升：1992年，"互视为友好国家"；1994年，建立"新型建设性伙伴关系"；1996年，建立战略协作伙伴关系；2011年，建立平等信任、相互支持、共同繁荣、世代友好的全面战略协作伙伴关系；2014年，中俄全面战略协作伙伴关系进入新阶段。

政治领域，双方通过平等谈判，最终解决了长期困扰两国关系的边界领土争议；军事安全领域，两国结束了在边界地区陈兵百万、紧张对峙的状态，不仅在边界地区相互裁减军事力量，还采取了增加相互信任的措施，之后双方在军事技术交流、打击"三股势力"、联演联训等方面的合作都取得了长足进展；经济领域，两国经贸、投资、能源、产业、金融等领域合作不断拓展，两国贸易额从1990年的54.25亿美元跃升至2018年的1000多亿美元；国际层面，两国从战略对手转变为战略伙伴，在全球治理和地区安全、发展等领域开展了广泛的合作。

中俄关系在苏联解体之后能够取得如此重大的进展，原因是多方面的。一个关键性因素在于，两国在经历了400年的风雨之后，终于找到了处理双边关系的最佳原则和模式，那就是"睦邻、友好、合作、平等、信任""永久和平、世代友好""不结盟、不对抗、不针对第三方"。②可以毫不夸张地说，这些原则是中俄关系发展的"黄金定律"。坚持之，中俄关系就可健康、平稳、可持续地发展；背离之，中俄关系就可能扭曲变形，甚至重蹈忽热忽冷的覆辙。

---

① 邓小平：《结束过去，开辟未来》，《邓小平文选》，人民出版社，2001年版，第293—295页。

② 《中俄睦邻友好合作条约》，https：//www.fmprc.gov.cn/web/gjhdq_676201/gj_676203/oz_678770/1206_679110/1207_679122/t11111.shtml。

启示之三：改革开放某种程度上是"去苏联化"，改革就是要改变高度集中、高度集权的体制机制；开放就是要破除封闭孤立的状态，融入全球化的进程

中（苏）俄关系绝不仅仅是单纯的两国外交关系问题。受特定历史因素作用，苏联对中国的安全、发展，甚至制度、文化都产生过至关重要甚至深入骨髓的影响，中国的政治体制、经济模式和思想体系一度与苏联极为相似，而中国的改革开放在某种程度上就是"去苏联化"的过程。

1978年9月间，邓小平同志在东北三省等地发表系列重要谈话，从社会主义本质的高度阐述改革的必要性，强调"社会主义制度优越性的根本表现，就是能够允许社会生产力以旧社会所没有的速度迅速发展，使人民不断增长的物质文化生活需要能够得到满足"。同时也表示"我们国家的体制，包括机构体制等，基本上是从苏联来的，是一种落后的东西，人浮于事，机构重叠，官僚主义发展"。通过对当时政治体制的批评，小平实际上提出了打破苏联政治体制模式的改革任务。[①]

从实践上看，中国的改革开放早于苏联，且两国转型的方式大相径庭。如果说中国走的是和风细雨般的"渐进道路"，苏联、俄罗斯搞的则是疾风暴雨般的"休克疗法"。很难讨论和验证中俄两国社会转型方式的优劣，但无论如何，始于戈尔巴乔夫"改革与新思维"的苏联及俄罗斯转型进程，可以从诸多方面给中国的改革开放提供深刻的镜鉴。

回顾近30年来俄罗斯的社会转型，可以肯定地说，转型的进程

[①] 李正华：《邓小平：政治体制改革要打破苏联模式》，《光明日报》，2011年10月19日。

总体上是平稳的，未引发大规模战争、冲突与人道主义灾难；转型的成效总体是正面的，在不太长的时间里确立了新国家政治体制、经济运行模式与社会秩序，开始了建设新国家的征程，并作为新的国际关系主体，努力在国际社会中寻求新定位，与其他国际行为主体展开积极、全面而复杂的互动。与此同时，不能不看到，受传统文化、现实条件、思维方式、权力博弈、国际环境等多重因素影响，转型之初的制度设计与目标规划在很大程度上已扭曲变形。普京治下，以"主权民主"和"国家资本主义"为核心的政治经济治理模式并未让俄实现国家复兴的宏愿。与此同时，综合国力下降和大国雄心未泯之间的张力使其国家身份定位前后扭曲，也让其对外行为经常进退失据、自相矛盾。2007年后，"美国已经衰落、多极化已经到来、俄可以放手一搏"等乐观判断主导俄国际战略观，2014年的克里米亚危机成为俄重整"后苏联空间"的"大手笔"。俄罗斯得到了克里米亚，但失去了乌克兰，更失去了一个良好的国际环境，所谓"冲动是魔鬼"在当代国际政治中得到了灵活的诠释。

当代俄罗斯的历史发展表明，任何国家的社会转型都不会是一蹴而就、一劳永逸、一帆风顺的线性进程。"播下的是龙种、收获的是跳蚤"，这一历史诅咒在当代依然会出现新的变种。

启示之四：营造良好的国际与周边环境是中国改革开放的重要前提，正确处理好中美苏三边关系是启动改革开放的重要条件。但随着内外条件的发展变化，中国不能固守"三角关系"思维。未来，与美国与俄罗斯保持平行、友好关系是中国的战略选择

众所周知，中国的改革开放是在运筹"中美苏大三角"的过程

中开启的。为了抗衡苏联的安全威胁并获得西方发达国家的资金、技术与市场，改善中美关系成为进行改革开放的重要条件。但这绝不意味着，运筹"中美苏大三角"就是简单的"联美抗苏"。

邓小平同志运筹"中美苏大三角"是因势而动、因时而变的，其核心是以中国国家利益为核心，让中美、中苏关系相互影响，良性互动。但最根本的，还是实现了中国对外战略的两个根本性转变，那就是：在战争与和平的问题上，逐步改变了"战争迫在眉睫""世界大战不可避免"等传统认识，提出了"和平与发展是当代世界两大问题"的重要论断；在对外政策上改变了原来"一条线"的战略，在处理大国关系时逐步放弃"以苏划线"和"以美划线"的倾向，强调"中国的对外政策是独立自主的，是真正的不结盟"，"我们不能坐到别人的车子上去。我们这种独立自主的外交政策，最有利于世界和平"。[①]

40年过去，中美俄关系发生了根本性的变化。从实力对比上看，美国"一超独霸"的态势没有根本改变，中国跃升为世界第二大经济体并在全球治理上发挥日益重要的影响，而俄罗斯的综合国力和国际影响却呈现出持续衰退的势头；从关系性质上看，美国认为国际关系重回"大国竞争时代"，将中俄视为国际秩序"修正者"与战略对手，对中俄两国同时施压。美俄关系螺旋性下滑，跌至冷战结束后的冰点。中美关系经历前所未有的贸易摩擦，双方在台海、南海等问题上的分歧凸显。

在此背景下，中俄两国都不乏结盟或以紧密的军事、安全协作来应对美国压力的观点。但这种传统的大国关系"均势论"和"制衡论"忽视了当下国际关系日程日益复杂的现实，也忽视了中俄两国在国家利益、国际身份和国际战略取向等方面的差异，不仅缓解

[①] 《邓小平文选》第三卷，人民出版社，2001年版，第57、156页。

不了中国面临来自美国的压力，反而会使局势更加复杂。

首先，当下的国际关系早已不像是冷战时期那样仅仅是单纯的地缘政治，经济融合、人文联系、文化接触、共同应对全球性挑战的需求使今天的中美关系与当年的美苏关系不可同日而语，以结成军事同盟的方式与美国形成全面的竞争与敌对关系不符合中国的国家利益。

其次，尽管俄美关系处于冷战结束以来的冰点，但俄罗斯从主观愿望上是希望与美改善关系，出兵叙利亚的重要目标就是试图"逼和"美国，迫使其恢复与俄罗斯的合作。对于俄罗斯战略界来说，促使其他国家成为美国的最大对手是转移自乌克兰危机以来美国对俄压力、摆脱当前困境的最好方式。因此，对俄与华形成紧密关系以对抗美国的主观可靠度是需要存疑的。2016年12月1日，俄罗斯总统普京批准2016年版《俄罗斯对外政策构想》，对发展与欧美的关系做出了全方位阐述，相形之下对"向东转"并未着墨太多。[1] 可以看到，2018年普京再次连任总统后，尽管困难重重，但其外交的重点仍放在调整和改善自乌克兰危机以来不断恶化的对美欧关系上来。

最后，尽管自2014年以来，俄罗斯以武力夺取克里米亚、强势出兵叙利亚的行动令世人瞠目，但俄罗斯的综合国力存在诸多短板，参与全球治理的能力与影响日渐匮乏，未来还将面临经济增长模式畸形、人口结构恶化、创新能力不足等诸多挑战，其抗衡体系变化和内外压力的能力值得观察。在中美俄三国力量对比发生历史性变化，而国际关系已远非如冷战时仅是地缘政治的情况下，俄罗斯很难像"中美苏大三角"关系中的中国一样发挥"四两拨千斤"的

---

[1] Концепция внешней политики Российской Федерации. Утверждена Указом Российской Федерации от 30 ноября 2016. №640. http：//www.kremlin.ru/acts/news/53384.

作用。

总体而言，今天的中美俄关系已与冷战时期的"中美苏大三角"关系有很大不同，中美、中俄、俄美三组双边关系各有各的价值、各有各的发展逻辑，简单的"二对一"对抗方式不符合中国的利益。在国际大变局下，中国要跳出传统"三角关系"的思维框架，需要充分运用自身的实力、影响和智慧，主动引导和塑造中美、中俄关系的发展，努力实现中美俄关系的良性互动。

中国与中亚关系：现状与趋势*

冯玉军

本文将从分析中国在中亚地区的利益入手，总结中国处理对中亚国家关系的主要原则，剖析中国对中亚的政策手段与政策效果，展望中国在中亚战略的未来走向。*

一、中国发展与中亚国家关系符合双方共同利益

明确利益所在是确定中国对中亚战略的基点。中国在中亚的利益可以概括为安全利益、经济利益、能源利益、地缘政治利益四个主要方面。

一是与中亚国家顺利解决边界遗留问题，共同维护边界安全。中国与哈萨克斯坦、吉尔吉斯斯坦、塔吉克斯坦三国有着3000多千米长的共同边界。20世纪六七十年代，中苏发生一系列边界冲突，边界争议也成为影响中苏关系的重大障碍。80年代初，中苏关系开始缓和，两国就存在争议的边界问题开始谈判。但在尚未取得具体成果的情况下，1991年底苏联解体，中国与俄罗斯、哈萨克斯坦、

---

* 本文原发表于《当代世界与社会主义》2019年第6期。

吉尔吉斯斯坦、塔吉克斯坦创造性地建立了"五国两方"的边界问题谈判机制，保障边界安全成为中国对中亚战略的重要任务。

与此同时，随着苏联解体后全球恐怖主义的回潮，包括中国西部在内的欧亚大陆核心地带成为恐怖主义活动的重灾区，开展中亚地区的跨国反恐合作被提上议事日程。中国西北地区存在着分离主义、恐怖主义和极端主义"三股恶势力"以及毒品生产与贩运等跨国犯罪活动，是中国国家安全面临的重大非传统安全挑战。因此，与中亚国家共同打击"三股恶势力"，符合中国的利益，也符合中亚国家的利益。

二是促进中亚国家更全面地融入世界经济体系，发展与中亚国家平等互利的经济合作、开拓中亚市场，是中国在中亚的重要经济利益。苏联时期，中亚与世界经济体系的联系非常微弱。苏联解体后，中亚国家作为独立的经济体进入世界经济体系，从而也成为中国新的经济合作伙伴。中国在中亚有广泛的经济利益，包括贸易、基础设施建设、矿产开发等。一方面，我国新疆与中亚国家相邻，拥有久远的经济联系。在全球化背景下，中国希望通过扩大与中亚国家的经济合作促进新疆的经济发展和对外开放；另一方面，在"一带一路"倡议提出之后，中亚在中国对外经济合作布局中的地位进一步上升。中亚既是"一带一路"建设取得前期成果最多的地区，也是未来"一带一路"建设的重点区域。从更长远的角度来说，中国希望中亚经济一体化取得更多进展，因为这将为全球化提供更扎实的地区性支撑，从而也为中国与中亚的经济合作提供更广阔的前景。

三是加强与中亚国家的能源合作，在为中亚国家提供投资、技术和巨大而稳定的能源出口市场的同时，获取中国经济发展所必需的能源资源。据英国石油公司《世界能源统计年鉴》数据，2016年中亚地区石油储量约为40亿吨，占世界总储量的1.83%。其中，哈萨克斯坦是中亚石油增长潜力最大的国家，石油储量 39 亿吨，占世界石油储量的 1.63%，居世界第 12 位；土库曼斯坦天然气储量 17.5 亿立方米，占世界比重为 9.4%，居世界第 3 位，储产比超过百年以上。[①] 中国与中亚能源合作具有战略互补性，在油气资源勘探开发、油气贸易、油气产品加工领域具有广阔的战略前景。目前，中国与中亚国家已开展了内容丰富、成果显著的互利双赢能源合作：中国从中亚国家获得了大量而稳定的能源供应，而中亚国家则从中国获得了大量的投资、先进的技术和稳定而庞大的油气出口市场，与中国的能源合作对于哈萨克斯坦、土库曼斯坦等国的经济发展具有重要的战略意义。

四是支持中亚国家的主权、独立与领土完整，支持中亚国家选择独立自主的发展道路，在地缘政治上确保中亚成为中国的睦邻友好地带。近代以来，中国在西北面曾长期面临重大安全挑战与威胁。基于中国的战略利益需求，中国在中亚地区的地缘政治利益包括：保持这一地区对中国在战略上的稳定和安全，防止在这一地区出现针对中国的战略性威胁。苏联解体之后，中国与俄罗斯和中亚国家关系的良好发展，使中国的战略安全环境得到极大改善，这也是中国把战略重心放在经济发展、实现国家现代化的重要前提条件。

二、中国发展与中亚国家关系的主要原则

"和平共处五项原则""和谐世界"以及"人类命运共同体"思想是中华人民共和国成立特别是改革开放以来逐渐形成的对外战略

[①]《BP 世界能源统计年鉴：2016》，https：//www.bp.com/content/dam/bp-country/zh_cn/Publications/StatsReview2016/BP Stats Review_2016 中文版报告.pdf。

核心理念。① 从这些理念出发，中国对中亚战略始终遵循以下主要原则。

一是"以邻为善、与邻为伴"，力求"睦邻、安邻、富邻"。在长达近30年的相互关系中，中国始终以和平手段处理与中亚国家关系，致力于通过全方位合作巩固与中亚国家的相互信任，从未动用武力或以武力相威胁。中国与中亚国家和平外交与睦邻友好的外交实践最终以《上海合作组织成员国长期睦邻友好合作条约》的形式固定下来，那就是"根据公认的国际法原则和规则，在其感兴趣的领域发展长期睦邻、友好和合作关系"，"以和平方式解决彼此间的分歧"，"相互尊重各自根据本国历史经验和国情选择政治、经济、社会和文化发展道路的权利"等。②

二是与中亚国家相互尊重，从未恃强凌弱。中亚国家与中国在领土面积、人口数量、经济规模、军事实力等方面都不可同日而语，基于长期的历史记忆，它们一度曾担心中国会像某些大国一样对其颐指气使、动辄施压。但中国自始至终在政治上对中亚国家平等相待，在安全和经济上充分理解中亚国家的合理关切，在文化和心理上切实体会中亚国家的感受和需要。正是基于此，中国在中亚国家赢得了广泛的尊重。2018年11月13日，哈萨克斯坦总统纳扎尔巴耶夫在出席第四届阿斯塔纳俱乐部会议时，公开驳斥所谓"中国威胁论"，并表示"哈萨克斯坦与中国有1700公里共同边境，我们没有感到任何侵略、任何压力、任何'大国家长'作风"。③

三是支持中亚国家全面融入全球化进程，充分理解和尊重中亚

---

① 中华人民共和国国务院新闻办公室：《新时代的中国与世界》，2019年9月，http：//www.scio.gov.cn/zfbps/32832/Document/1665426/1665426.htm。
② 《上海合作组织成员国长期睦邻友好合作条约》，http：//treaty.mfa.gov.cn/tykfiles/20180718/1531876092825.pdf。
③ Назарбаев： Мы не чувствуем никакого нажима со стороны Китая. https：//www. zakon.kz/4945829 - nazarbaev-my-ne-chuvstvuem-nikakogo.html。

国家普遍奉行的"多元平衡"外交。冷战时期，中亚作为一个封闭的地缘政治与地缘经济区域无法广泛地参与到世界体系当中。苏联解体后，作为新独立国家，中亚国家只有更全方位地融入国际社会，才能保障独立、主权和领土完整；只有更深度地融入世界经济体系，才能得以发展和繁荣。中亚国家的这些诉求得到了中国积极的支持。政治上，中国支持中亚国家广泛参与联合国等国际多边机构并帮助中亚国家在其中发挥更大的作用；经济上，中哈石油管道、中国—中亚天然气管道以及新亚欧大陆桥、中国西部—欧洲西部等大型跨境基础设施为中亚国家更便捷地融入国际市场发挥了难以替代的作用。

与此相关联的是，中国从不谋求在中亚地区建立"势力范围"。中国努力发展与中亚所有国家的关系，积极参与中亚区域合作，意图是开展地区合作，而不是将中亚作为自己的"后院"和"禁脔"。中国不想与其他任何国家争夺中亚地区的主导权，愿意和包括俄罗斯、美国等任何国家为了维护中亚地区安全、促进中亚经济发展开展建设性的合作。正是基于此，中国充分理解多边平衡外交对于中亚国家的战略意义，中国相信，无论何时，中国都是中亚国家可以依赖的重要战略伙伴。

四是摒弃"冷战思维"，不搞"零和游戏"，致力于用平等协商的方式解决在中亚出现的各种矛盾。由于复杂的历史、宗教、民族、部族等传统因素以及现实中的经济发展失衡、领土边界争议以及水资源利用等问题，中亚国家之间存在诸多分歧、矛盾。加之自苏联解体以来，世界大国和地区性力量积极在这一地区扩展各自影响。[①]因此，中亚地区的利益关系是十分敏感而复杂的。基于此，中国对

---

① 冯玉军：《大国及地区势力对中亚高加索的争夺及其影响》，载《东欧中亚研究》1997年第6期。

中亚的政策十分谨慎，始终遵循非对抗原则，不赞成把中亚看作"大棋局"，也反对"大博弈"在这一地区重演。但同时，"非对抗"不意味着中国放弃自己的立场和利益。中国在中亚保持原则的坚定性，并坚决捍卫自己的合法权益。

五是致力于在中亚建设"和谐地区"和"命运共同体"。2006年6月，中国国家主席胡锦涛在上海合作组织上海峰会的讲话中，提出要把中亚地区建设成"持久和平、共同繁荣的和谐地区"，①这是中国首次把"和谐地区"的理念应用到具体地区；中国与上海合作组织成员国共同提出"互信、互利、平等、协商、尊重多样文明、谋求共同发展"的"上海精神"是在中亚；②中国第一次系统地提出共同安全、不结盟、不对抗、不针对第三国的新型安全观和合作观是在中亚；中国第一次进行建立新型地区合作组织的尝试还是在中亚。中国积极推动上海合作组织的发展，但无意将其作为在中亚的军事政治集团，不希望上海合作组织成为"东方的北约"。③这么多首创性的概念和实践首先运用于中亚，说明中亚在中国对外政策的理念创新与政策实践中占有极其重要的地位。

三、中国与中亚国家全方位合作成果显著

在明确战略利益与战略原则的基础上，中国近30年通过一系列政策工具深化了与中亚国家的全方位合作，取得了良好效果。

一是以和平谈判方式妥善处理边界争议，在消除潜在冲突基础

---

① 胡锦涛：《共创上海合作组织更加美好的明天——在上海合作组织成员国元首理事会第六次会议上的讲话》，2006年6月15日，http://politics.people.com.cn/GB/1024/4477426.html.
② 《上海合作组织成立宣言》，http://chn.sectsco.org/documents/。
③ 张德广：《视上合组织为"东方的北约"无任何根据》，http://china.rednet.cn/c/2006/06/02/906235.htm。

上不断加强各领域安全合作。1994年4月，中国与哈萨克斯坦签署《中华人民共和国和哈萨克斯坦共和国关于中哈国界的协定》。1998年7月，中哈签署《中华人民共和国和哈萨克斯坦共和国关于中哈国界的补充协定》。2002年5月，中哈两国签署勘界议定书，彻底解决了历史遗留的边界问题，为中哈边界问题的解决画上了圆满的句号。同月，中国与塔吉克斯坦签署《中塔国界补充协定》，两国在有争议的地段最终达成协议。1996年7月，中国与吉尔吉斯斯坦签署《中华人民共和国和吉尔吉斯共和国关于中吉国界的协定》。1999年8月，中吉签署《中华人民共和国和吉尔吉斯共和国关于中吉国界的补充协定》。2002年6月，吉尔吉斯斯坦总统正式批准中吉边界有关协定，中吉边界问题得到全面解决。

在妥善解决边界争议的同时，中国与中亚国家在加强军事信任和边界安全等问题上也取得积极进展。1995年2月，中国做出不对中亚国家动用核武器的庄严承诺。1996年4月，中国与俄、哈、吉、塔四国签署《关于在边境地区加强军事领域信任的协定》。① 1997年4月，五国签署《关于在边境地区相互裁减武装力量的协定》。② 在边界地区相互裁军和加强军事互信，极大改善了中国与中亚国家的安全关系，使曾经长期武装对峙的边界成了睦邻友好的边界。

二是与中亚国家不断提升战略伙伴关系水平。2002年6月，中国和吉尔吉斯斯坦签署《睦邻友好合作条约》。③ 12月，中哈签署

---

① 《中华人民共和国和哈萨克斯坦共和国、吉尔吉斯共和国、俄罗斯联邦、塔吉克斯坦共和国关于在边境地区加强军事领域信任的协定》，http：//www.npc.gov.cn/wxzl/gongbao/1996-08/29/content_1480006.htm。

② 《中华人民共和国和哈萨克斯坦共和国、吉尔吉斯共和国、俄罗斯联邦、塔吉克斯坦共和国关于在边境地区相互裁减军事力量的协定》，http：//www.law-lib.com/law/law_view.asp?id=96471&page=2。

③ 《中华人民共和国和吉尔吉斯共和国睦邻友好合作条约》，http：//treaty.mfa.gov.cn/tykfiles/20180718/1531876832088.pdf。

《睦邻友好合作条约》。① 2005 年 5 月，中国与乌兹别克斯坦签署《友好合作伙伴关系条约》。② 2007 年 1 月，中塔签署《睦邻友好合作条约》。③ 这四个条约将中国与中亚国家世代友好的真诚愿望以法律的形式固定下来，标志着中国与中亚国家的双边关系提升到了更高水平。

2005 年，中哈关系由友好合作伙伴关系上升为战略伙伴关系，2011 年提升为全面战略伙伴关系，2013 年进入全面战略伙伴关系"新阶段"，2019 年进一步升级为永久全面战略伙伴关系；中国与乌兹别克斯坦于 2005 年正式建立友好合作伙伴关系，2012 年上升为战略伙伴，2016 年 6 月再次提升至全面战略伙伴关系；中塔于 2013 年建立战略伙伴关系，2017 年 8 月提升至全面战略伙伴；中国与吉尔吉斯斯坦于 2013 年建立战略伙伴关系；中国与土库曼斯坦于 2013 年建立战略伙伴关系。

三是与中亚国家发展互利双赢的经济合作，双边贸易额近 30 年来增长近百倍。2013 年 9 月，中国国家主席习近平提出建设"丝绸之路经济带"倡议，为中国与中亚国家的合作发展注入新动力。中亚国家热烈响应并积极参与"一带一路"建设，中国与中亚国家的对接合作取得较好成果。

中国是哈萨克斯坦第二大贸易伙伴和第六大投资来源国。两国在"一带一路"框架下已签署的文件主要有：《中哈经济合作中长期发展规划（至 2020 年）》（2013 年 9 月）、《加强产能与投资合作政府间框架协议》（2015 年 8 月）、《关于"丝绸之路经济带"与

---

① 《中华人民共和国和哈萨克斯坦共和国睦邻友好合作条约》，http：//treaty.mfa.gov.cn/tykfiles/20180718/1531876834042.pdf.
② 《中华人民共和国和乌兹别克斯坦共和国友好合作伙伴关系条约》，http：//treaty.mfa.gov.cn/tykfiles/20180718/1531876880315.pdf.
③ 《中华人民共和国和塔吉克斯坦共和国睦邻友好合作条约》，http：//treaty.mfa.gov.cn/tykfiles/20180718/1531876904271.pdf.

"光明之路"新经济政策对接合作规划》（2016年9月）。2012—2016年，中哈贸易总额由131亿美元升至285亿美元，中国对哈出口商品主要是机械设备、电子、纺织服装等轻工产品，从哈进口商品主要是石油、天然气、矿产（铜、铀等）、粮食等能源和农产品。美国企业研究院发布的数据称，2005—2019年，中国对哈累计投资接近350亿美元，资金流向最集中的是能源领域，投资额达242.8亿美元。其他较为集中的领域包括化工（37亿美元）、运输（37亿美元）、金属采选矿（23亿美元）、建筑（3.5亿美元）、农业（2.4亿美元）、金融（1.1亿美元）、住房和公共服务（1亿美元）等。① 双方在产能合作框架内商定51个重点合作项目，总金额近280亿美元，涉及化工、汽车、冶炼、农业等诸多领域，建造了哈第一个电解铝厂、第一座大型水电站、奇姆肯特现代化炼厂、库斯塔奈市汽车部件组装厂、阿克托盖铜矿选厂、阿克套沥青厂、梅纳拉尔水泥厂、亚洲大口径钢管厂等项目落地投产。②

中国是乌兹别克斯坦最大贸易伙伴和最大投资来源国。中乌在"一带一路"框架下已签署的文件主要是2015年6月17日两国商务部门签署的《关于在落实建设"丝绸之路经济带"倡议框架下扩大互利经贸合作的议定书》和2016年《关于大宗商品贸易合作的谅解备忘录》。2012—2018年，中乌贸易总额由28.75亿美元升至64.28亿美元，占乌外贸总额的19%，中国继续保持乌第一大贸易伙伴国地位。③ 截至2016年年底，中国对乌兹别克斯坦的直接投资存量为10.58亿美元，各类贷款累计金额约55亿美元。在乌共注册704家中资企业和74家代表处。共实施70多个合作项目，主要集中在能

---

① 《中企累计对哈投资近350亿美元》，http：//www.chinatradenews.com.cn/epaper/content/2019-08/06/content_62200.htm。
② 《驻华大使努雷舍夫接受中国媒体专访》，http：//lenta.inform.kz/cn/article_a3519877。
③ 《中乌贸易额同比增长35.2%》，http：//ex.cssn.cn/glx_gsgl/glx_gsgl_zx/201901/t20190125_4817426.html。

源、矿产资源开发、电子、轻工等领域。[①] 中乌合作大项目主要有：位于锡尔河州的鹏盛工业园区建设；杭州中乌电子仪表公司与吉扎克州电网公司合作生产太阳能热水器；无锡尚德太阳能公司在纳沃伊生产太阳能电池板；中兴通讯公司在鹏盛工业园区生产智能手机；美的和长虹两家公司在鹏盛园区生产冰箱和电视机；安格连—帕普铁路的卡姆奇克隧道工程承包项目。[②]

中国是塔吉克斯坦最大的贸易伙伴、最大投资来源国和最大债权国。2012—2016年，中塔贸易额由为17.56亿美元升至25.17亿美元。截至2016年年底，中国对塔非金融类直接投资存量为11.67亿美元（2016年流量2.72亿美元）。[③] 中塔合作工程承包项目主要有瓦赫达特—亚湾桥隧项目一号隧道、中塔公路二期等。[④] 工业园区主要有开发和加工铅锌矿的中塔工业园、从事棉花种植和加工的中泰新丝路农业纺织产业园、种植和加工粮食蔬菜的中塔农业加工园。[⑤]

中国是吉尔吉斯斯坦第一大贸易伙伴、最大债权国和第二大投资来源国。2018年，中吉双边贸易额升至56亿美元，同建交之初相比增长超过150倍。中方累计对吉尔吉斯斯坦投资近30亿美元。[⑥] 中吉合作大项目主要是工程承包，比如中国路桥集团公路规划网和

---

① 中华人民共和国商务部：《对外投资合作国别（地区）指南——乌兹别克斯坦》（2017年），https：//www.yidaililu.gov.cn/info/ilist.jsp? cat_id = 10148。
② 《中亚五国：中资企业重点能源及基础设施项目盘点》，http：//www.sohu.com/a/320210764_100113069。
③ 中华人民共和国商务部：《对外投资合作国别（地区）指南——土库曼斯坦》（2017年），https：//www.yidaililu.gov.cn/info/ilist.jsp? cat_id = 10148。
④ 廖伟径：《中塔经贸合作站上新起点》，http：//politics.gmw.cn/2019 - 06/15/content_32922287.htm。
⑤ 《中亚五国：中资企业重点能源及基础设施项目盘点》，http：//www.sohu.com/a/320210764_100113069。
⑥ 《中吉双边贸易额2018年超56亿美元 经贸合作前景广阔》，http：//www.sohu.com/a/319963462_118392。

铁路规划网、特变电工集团建设"达特卡—克明"500千伏南北电网、改造变电站和比什凯克热电厂改造项目等、国电集团开发纳伦河梯级电站、中石油集团的中土天然气输送管道D线等。主要的产能合作项目有中国企业在吉投资建设的水泥厂、化肥厂等。①

中国是土库曼斯坦最大的贸易伙伴。在2017年"一带一路"国际合作高峰论坛上，中国国家发展和改革委员会与吉尔吉斯斯坦经济部签署《关于共同推动产能与投资合作重点项目的谅解备忘录》。2012—2016年双边贸易额由59.02亿美元升至104.69亿美元（主要取决于天然气价格）。截至2016年年底，中国对土直接投资存量为5.649亿美元（中方统计这一数字为2.49亿美元）。② 中土合作的大项目主要有：天然气田开发项目，如在南约洛坦地区的气田；中土天然气管道建设与运营项目；中石化胜利石油管理局的油井修复和钻井项目；华为公司的通信网络改造项目。③

四是切实拓展中国与中亚国家的能源合作，实现互利双赢。中国与中亚国家能源合作主要集中在三个方面：

第一，能源贸易不断提升。从2000年开始，中亚国家逐渐成为中国油气资源的重要来源国。从能源贸易情况来看，因能源禀赋差异，中国从各国进口的侧重点并不相同。天然气在中亚向中国的国际能源供给中所占的比重较高，2015年中亚天然气进口量占中国总进口量的87.36%，石油进口量占中国总进口量不足1.5%。④ 2018年，中国天然气进口总量达1262亿立方米，其中管道气进口量517

---

① 《中亚五国：中资企业重点能源及基础设施项目盘点》，http：//www.sohu.com/a/320210764_100113069。

② 中华人民共和国商务部：《对外投资合作国别（地区）指南——土库曼斯坦》（2017年），https：//www.yidailu.gov.cn/info/ilist.jsp? cat_id=10148。

③ 《中亚五国：中资企业重点能源及基础设施项目盘点》，http：//www.sohu.com/a/320210764_100113069。

④ 杨宇、何则：《构建中国与中亚能源合作政策保障机制》，《中国能源报》2017年11月13日，第5版。

亿立方米，而中亚天然气占管道气进口的94%。①

哈萨克斯坦是中国石油公司进入时间最早、油气合作开发时间最长、范围最广、获得勘探开发权与输出工程技术服务最多的国家。土库曼斯坦次之。随着中国与土库曼斯坦天然气管道的建设，中国也加强了与土库曼斯坦在天然气技术服务领域的合作。中国在乌兹别克斯坦的油气技术服务，也已经从出口石油设备零配件以及提供物探、钻井、测井等发展到提升老油井采收率等油气工程技术领域。中国与中亚国家全方位、大规模、高层次的能源合作，不仅将改变亚洲的能源格局，也将对世界能源格局产生极为深远的影响。②

截至2016年年初，中国从中亚国家进口石油总量已经占到全部石油进口总量的1.85%，而天然气进口总量则占到48%，中亚国家的油气资源进口有效地优化了中国海外能源供给结构。③ 而与中国的油气资源贸易为中亚国家提供了庞大而稳定的出口市场，极大促进了中亚国家的油气资源生产，并带动了中亚国家经济快速发展。

第二，管道运输合作取得突破性进展，中哈石油管道和中国—中亚天然气管道成为21世纪跨欧亚能源网络建设的重要标志。2004年7月，中国和哈萨克斯坦开始合作修建中哈石油管道。中哈石油管道全长超过2800千米，年设计输油能力2000万吨，一期工程和二期工程分别于2006年和2009年实现全线通油，成为中国最重要的跨国输油管道之一。截至2019年6月30日，中哈原油管道累计进口原油1.26亿吨。④ 2007年8月，中国与土库曼斯坦、哈萨克斯

---

① 《中国天然气进口气源更加多元》，http://www.xinhuanet.com/energy/2019-08/01/c_1124823224.htm。
② 杨宇、何则：《构建中国与中亚能源合作政策保障机制》，《中国能源报》2017年11月13日，第5版。
③ 胡健：《中国与中亚国家能源合作的现状与未来》，http://www.zgxxb.com.cn/tjdk/201703160001.shtml。
④ 《中哈原油管道上半年向国内输送原油559万吨》，http://news.cnpc.com.cn/system/2019/08/02/001739440.shtml。

坦和乌兹别克斯坦开始合作修建中国—中亚天然气管道，管道全长约1万千米，分A、B、C、D四条管道建设，从西向东联通土库曼斯坦、乌兹别克斯坦、塔吉克斯坦、吉尔吉斯斯坦四国最后直至中国。目前，A、B、C三条管道已分别于2009年、2010年和2014年建成投产。从2011年到2017年年底，中亚天然气管道A、B、C三线累计进口天然气达1959亿立方米。近年来，从中亚国家进口的天然气占中国进口总量的比重最高时达到52%（参见图1）。

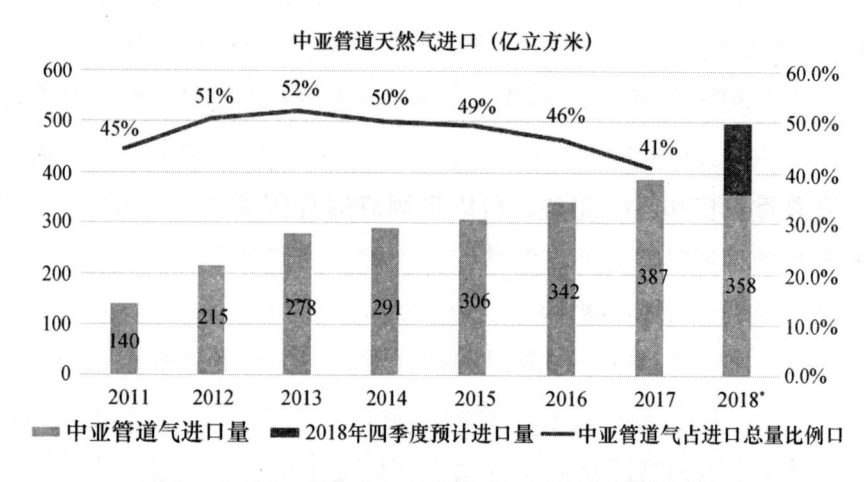

中亚管道天然气进口（亿立方米）

年份	进口量	占比
2011	140	45%
2012	215	51%
2013	278	52%
2014	291	50%
2015	306	49%
2016	342	46%
2017	387	41%
2018*	358	

■ 中亚管道气进口量　■ 2018年四季度预计进口量　— 中亚管道气占进口总量比例口

图1　"中国—中亚天然气管道"进口天然气数量及占比

第三，炼油与石油化工业合作不断推进，为中亚国家的能源工业现代化提供了强大助力。自2013年"一带一路"倡议提出之后，能源合作已经成为"一带一路"建设的先行产业和重要引擎。在与中亚能源产业合作从上游向下延伸，产业链合作成为中国与中亚国家能源产业合作的一个重要发展方向。

第四，向中亚国家提供发展援助，帮助中亚国家缓解迫切的经济与人道主义困难。吉尔吉斯斯坦、塔吉克斯坦和乌兹别克斯坦是中国官方发展援助的主要对象。乌兹别克斯坦获得的中国官方发展援助占中国对中亚全部援助的一半以上。吉尔吉斯斯坦和塔吉克斯坦合计约占中国对中亚地区官方发展援助的40%。未来一定时期内，中国将成为中亚国家最大的官方发展援助国家。中国官方发展援助主要投向交通、能源领域。与欧洲国家、美国、日本等援助国不同的是，中国提供的官方发展援助仅支持具体项目，也不附加政治条件。

第五，通过上海合作组织与中亚国家开展全方位合作。2001年6月15日，上海合作组织宣告成立。它使中国与中亚国家之间的双边合作提高到一个全新的水平，成为新世纪中国与中亚国家在多边基础上开展区域合作的重要平台。

一是在政治上进一步明确了互信和平等的原则，强调睦邻友好、相互尊重主权和领土完整，可以巩固双边合作关系，使双边合作的利益基础更加坚实。上海合作组织框架内签署的各项条约、协定是中国与中亚国家双边政治合作的补充和延伸。

二是在经济上争取实现贸易和投资便利化，并开展更深层次的区域合作，对加深中国与中亚国家的双边经济合作关系能够起到推动作用。上海合作组织成员国政府首脑会议多次强调，必须创造条件以利于成员国经济合作，发展交通走廊和降低关税壁垒等。

三是在安全上的互信与协作，不仅可以使中国与中亚国家的边界成为和平友好的新边界，而且对维护整个地区的稳定，对欧亚大陆的和平有直接的贡献。中国与中亚国家在打击"三股势力"和跨国犯罪方面的合作，成为上海合作组织安全合作的重要内容。在上海合作组织的框架之内，中国与中亚国家签订了多项合作协议，进行了实质性的安全合作。2001年6月，上海合作组织成立大会通过了《打击恐怖主义、分裂主义、极端主义上海公约》,① 2004 年 6 月签署了《上海合作组织成员国关于合作打击非法贩运麻醉药品、精神药物及其前体的协议》,② 2005 年 7 月签署《上海合作组织成员国合作打击恐怖主义、分裂主义和极端主义构想》等文件,在历次峰会通过的联合声明中都有合作打击"三股势力"的内容。上海合作组织还在塔什干成立了"地区反恐怖机构"。③ 与安全有关的还有在上海合作组织框架内举行的总检察长会议、最高法院院长会议、内务与公安部长会议等。为共同打击恐怖主义,中国与中亚国家还举行了多次联合反恐军演,并逐渐机制化。

四是在国际事务中相互支持。中国和中亚国家都主张增进各国相互了解与信任,促进地区和平与稳定。上海合作组织为中国和中亚国家在国际舞台上的合作创造了更多的可能性。在维护中亚地区安全、促进中亚地区发展方面,在更加广泛的国际舞台上,中国与中亚国家立场相近,有诸多共同利益。中亚国家领导人强调,上海合作组织是捍卫本地区和平与安全的最有效的机制,中亚国家重视与中国加强在该组织框架内的合作,以维护本地区的长期稳定,使之成为区域合作的典范。

五是平衡处理在中亚地区的大国关系。一方面,中国尊重俄罗斯在中亚地区的传统影响与现实利益,中俄两国外交部门建立了不定期的中亚问题磋商机制,力争求同存异,避免让利益分歧因不受控制而转化为公开的矛盾和冲突。而上海合作组织成为了中俄平衡利益、协调立场的重要平台。与此同时,中国从未将中亚视为自己

---

① 《打击恐怖主义、分裂主义和极端主义上海公约》,http://treaty.mfa.gov.cn/Treaty/web/detail2.jsp?objid=1531875928119。
② 《上海合作组织成员国关于合作打击非法贩运麻醉药品、精神药物及其前体的协议》,http://treaty.mfa.gov.cn/tykfiles/20180718/1531876079082.pdf。
③ 《上海合作组织成员国关于地区反恐怖机构的协定》,http://treaty.mfa.gov.cn/tykfiles/20180718/1531875928906.pdf。

的"势力范围",充分尊重中亚国家开展多元化外交的自主选择。中国也充分理解美国、欧盟、日本、韩国、印度、土耳其等不同行为体在中亚的利益诉求,不希望与这些国家在中亚形成对立和竞争关系。

四、中国与中亚国家关系的未来走向

自1991年苏联解体以来,中国与中亚国家在近30年的时间里形成了相互尊重、平等互利、共同发展的战略伙伴关系,在政治、经济、安全、人文等领域开展了全方位的深入合作,这既为中国营造了良好的周边环境,保障了中国的能源安全,为中国拓展了新的市场空间,同时也极大保障了中亚国家的安全,促进了中亚国家的经济发展,巩固了欧亚大陆核心地带的安全与稳定。

未来,中国中亚战略的实施仍将受到中国自身国力变化、中亚国家对中国的态度以及中国与其他大国在中亚地区的互动等多重因素影响。中国中亚战略未来一个十年的着力点可以放在以下领域。

一是进一步深化与中亚国家的安全合作。基于欧亚地区形势的变化,中国与中亚国家的安全合作必须不断深化与加强,不能丝毫放松和弱化。上海合作组织是中亚地区的安全支柱,中国不但要在上合组织框架内提高与中亚国家的安全合作水平,而且要提高与中亚国家双边安全合作层次、拓宽合作领域。在双边安全合作中,多年来中国一直对中亚国家进行安全合作援助。基于目前中亚安全形势,中国应加大对中亚国家的安全合作援助,硬件上要逐步帮助中亚国家改变武装力量装备及设施落后状况,提高中亚国家自我防御和维护安全,特别是应对恐怖主义威胁的能力。软件上,扩大对中亚国家警察和军人的培训规模,提高中国与中亚国家安全力量的协调作战合作能力。当然，中国与中亚国家的安全合作会顾及俄罗斯的感受，无论如何不会挑战俄罗斯的现实利益。

二是不断优化投资结构。加大对中亚国家的基础设施投资是中国—中亚共建"丝路经济带"的优先方向，已经在逐步改变中亚国家基础设施落后的局面。但是，根据目前中亚国家的经济结构和水平，中国资金和技术投资结构和规模也要不断优化。中亚国家的机械制造业、加工工业、农业仍然很落后，迫切需要资金投入和技术改造，在重点投资基础设施领域时，关注与中亚国家民生密切相关的产业是必需的，让中亚国家更多的人享受到"丝路经济带"建设带来的好处，就会赢得更多人对共建"丝路经济带"的认同。优化投资结构还要从宏观上把握中亚地区及各个国家的经济结构和形势，让中国的投资更加均衡化、科学化，尽量避免重复性投资和建设，防止"短平快"理念导致的某些领域投资过热而出现产能过剩现象。

三是发挥软实力影响，加强和扩大民心沟通工作。加强和扩大民心沟通工作有利于增强中国与中亚国家的政治互信，有利于加深和扩大中亚国家人民对中国的认知和了解，从而逐步消除对中国的误解，有利于削弱和消除滋生"中国威胁论"的土壤：（1）加强和扩大人文交流。在现有人文交流合作的基础上，继续挖掘孔子学院的交流潜力，使其成为更多人文交流的平台；扩大中国高校与中亚国家高校的合作规模和范围，创新合作方式方法。（2）重视旅游媒体的作用。中国要扩大与中亚国家旅游合作，开辟新的、便捷的旅游专线，简化旅游签证手续，开拓更多的边境节假日游；让双方更多的媒体参加到"丝路经济带"建设中，既要宣传报道双方合作成果，又要制作系列专题报道，更要报道中国的发展变化以及中国人民对中亚国家人民的友好感情。（3）发挥中国企业在民心沟通方面的桥梁作用。中资企业分布在中亚地区各地，其言行代表着中国形象，直接影响着中亚国家人民对中国的认知和态度。中资企业要尊重当地人民的风俗习惯，遵守当地的法律制度，保持企业诚信，保护生态环境，多做社会公益事业，承担社会责任，在当地人民心中树立良好的中国人形象。在投资方面，多关注民生事业投资与发展，让中亚国家人民分享"丝路经济带"建设带来的好处。（4）进一步加强与其他大国在中亚的建设性合作。在继续尊重俄罗斯在中亚传统利益和现实影响的基础上，共同推进上海合作组织的多边经贸合作，推进跨欧亚交通运输走廊建设，使俄罗斯进一步发挥自身的过境运输潜力并获得实际利益。与此同时，与欧盟、日本、韩国、印度、土耳其甚至美国寻求在中亚开展建设性合作，帮助中亚国家更多地融入世界经济体系，促进中亚国家经济发展并获得更广泛的安全保障。

对新时代中俄关系的几点思考[*]

冯玉军

2019年是中俄建交70周年。70年来，中俄关系走过了不平凡的发展历程。2019年6月，中国国家主席习近平对俄罗斯进行国事访问，两国明确决定发展"新时代的中俄全面战略协作伙伴关系"。在世界面临百年未有之大变局的形势下，总结过去、展望未来，就中俄关系的发展原则及方向进行深入思考，是一件非常有必要的事情。

一、中俄关系的历史经验

总结建交70周年的中俄关系发展史，既有非常成功的经验，也有深刻的历史教训。历史经验表明，中俄关系只能搞好、不能搞坏，合则两利、斗则两伤。

要保证中俄关系稳定、健康、可持续地向前发展，就必须坚持四个基本原则：一是平等互利、相互尊重；二是世代友好，永不为敌；三是不结盟、不对抗、不针对第三方；四是非意识形态化。"非

---

[*] 本文原发表于《东北亚学刊》2019年第6期。

意识形态化"包含两层意思：一方面，当中俄两国意识形态不一样的时候，需要相互尊重彼此所选择的发展道路；另一方面，当双方意识形态一致或者在治国理政方式接近的情况下，两国也不能因此而结成同盟关系。

二、如何理解中俄关系所处的"新时代"

世界发展正面临百年未有之大变局，中俄关系也进入了新时代。如何理解这个"新时代"？笔者认为可分为两个层面理解。

一方面，新时代的中俄关系其实是发生在中俄两国综合国力落差迅速扩大的时候。实事求是地讲，今天中国的经济总量已经是俄罗斯的10倍。按照瑞典斯德哥尔摩国际和平研究所的数据，中国的军事开支已经是俄罗斯的3倍。中俄两国的人均GDP历史性持平，甚至在某种程度上中国还略高于俄罗斯。

这种落差是400年未有之大变局。在中俄两国力量对比如此拉大的情况下，中俄关系应该如何向前发展？中国国家主席习近平在出席第二十三届圣彼得堡国际经济论坛时做出了明确的界定，即相互尊重，中国乐于看到俄罗斯的发展振兴。俄罗斯总统普京也做出了相似的回应。但是从两国历史传统、战略文化、外交方略、相互认知等角度考虑，问题并不那么简单。俄罗斯如何看待一个强大的中国，将对中国采取何种战略，还是值得我们深入研究。

另一方面，中俄两国所处的国际环境也正在发生深刻变化。近年来，很多人都认为美国在加速衰弱、新兴经济体正在群体性崛起。但是，实事求是地说，美国的综合国力和全球影响力并没有实质性衰落，在特朗普"美国优先"旗号的刺激下，美国的国际战略和对外政策甚至更加咄咄逼人。美国对外政策中的贸易战、禁运、制裁给对手所带来的伤害应当引起高度重视和研究。

我们可以批评美国的霸凌主义、单边主义、贸易保护主义，但与此同时也应看到，特朗普在"退群"的同时正在积极地"建群"，美国正在加速构建新的、更加符合美国利益的国际规则和秩序。美加墨新自由贸易协定已经签署，美欧、美日正在加紧进行自由贸易谈判。日本和欧盟达成了相关的协议，《全面与进步跨太平洋伙伴关系协定》（CPTPP）在美国缺席的情况下也签署了新的协议，这些相关协议达成的一个共同特点是致力于构建"零关税、零壁垒、零补贴"的更加紧密的大市场，并显著提高了在环境、劳工、知识产权、国企地位等方面的标准。尽管美欧日等发达经济体在农产品保护、汽车关税等领域存在具体利益差异并将在今后的谈判中激烈地讨价还价，但在"国有企业地位""市场经济地位""反对大规模政府补贴"等原则问题上却高度一致。美欧日三方的贸易谈判代表多次磋商并发表联合声明，强调"欲解决第三国非市场化政策导致不公平贸易、工业补贴、强制技术转移，以致破坏国际贸易运作等问题"，表示将基于国家安全目的和出口管制在投资审查方面进行合作。更有甚者，USMCA中还规定了所谓"毒丸条款"，规定"若三国中有一国与某个'非市场经济国家'签署自贸协定，则其他协议伙伴有权在6个月内退出USMCA协议"。美国政府官员公开表示，该协议将成为美国以后与各方开展自贸谈判的模板。基于这种共识，可以预见，几年之后，以美国为核心的实行"零关税、零壁垒、零补贴"政策的更加融合的大市场将会形成。

三、中俄关系发展应把握的主要原则

目前美国挑起的贸易战，其风险不在于关税问题，而是在于未

来中国和美国是仍然可以在一个共同的规则体系下进行竞合,还是形成事实上的两个"平行市场"的问题。在这种情况下,中国和俄罗斯所面临的选择是不一样的。我们应该充分考虑中俄两国在国家身份、国家利益、与世界经济的关联度等方面存在的差异性。未来,在纷繁复杂的国际、国内形势下,应按以下原则把握中俄关系的发展。

一是要不忘初心,将维护和拓展中国国家利益作为发展中俄关系的根本出发点。要始终明确,发展健康、稳定、可持续的中俄关系的根本目的在于维护中国的国家利益,为中国的发展提供一个稳定的周边环境和国际环境,为中国的发展提供更多的经济和战略助力,不能将"关系的重要性"置于"利益的重要性"之上。

二是要正确把握中俄关系的战略定位。一定要坚定不移地发展中俄两国的睦邻友好合作关系,一定要致力于发展中俄之间的现代化伙伴关系。

三是要正确理解中俄关系的动力来源,将重心放在内生性的发展动力上,而不是外源性的动力上,要坚定不移地坚持"不结盟、不对抗、不针对第三方"原则。

四是要准确把握中俄关系的效益边界。尽管中俄之间的关系发展势头良好,但也要清醒地认识到,不能将两国之间的这种良好关系作为解决所有问题的良药。如在中美贸易战中,有人想当然地认为,作为中国的反制措施之一,中国完全可以不从美国进口大豆,而把从俄罗斯进口大豆作为补偿进口缺口的一条途径。但事实上,2017年中国从美国进口3700多万吨大豆,但俄罗斯全年的总产量不过600万吨,这种经济结构、产业结构具有很大的落差,短期内难以得到解决;在高科技领域,俄罗斯难以取代美国成为中国所需高科技产品的供应商。2015年,俄罗斯全年的科技研发投入是150多亿美元,而中国已经达到2300多亿美元。投入决定产出,俄罗斯在高科技领域究竟在哪些方面能够给中国的发展提供助力、提供坚持，我们一定要做到心中有数；在国际战略方面，近几年来，中俄两国在联合国投票的相似性达到81%以上，而拥有"特殊关系"的美国和英国的投票一致率为75%。这在某种程度上表明，尽管中俄两国没有在军事领域内结成同盟关系，但在国际战略上两国的合作程度比西方、比美英这种具有特殊关系的盟友更加紧密。但这种紧密程度效果如何，是否为中国带来了一个良好的国际环境、是不是为中国提供了一个良好的发展空间，是一个需要深入思考的问题。

五是要把握成本和收益的关系。任何国家关系的发展都存在成本和收益的问题，以尽量小的成本获取尽量大的收益是国家对外政策和外交行为的重要原则。中俄关系也存在"相对收益"的问题。在中俄关系发展过程中，中国得到了什么、付出了什么？俄罗斯得到了什么、付出了什么？应该有一个精细的计算和权衡。比如，从战略层面考虑，在中俄国际协作中，中国付出了怎样的成本，是否取得了改善国际环境、减轻美国对华战略压力的效果？而俄罗斯付出了怎样的成果，是不是取得了改善国际环境、减轻美国对俄战略压力的效果？

六是要把握知、言、行的关系。在发展中俄关系时更加应该相互了解，不仅要看对方说什么，同时也要看对方做了什么。作为一个拥有300多年帝国历史的国家，俄罗斯拥有深厚的战略文化和丰富的外交经验，已经成为俄罗斯国家的"精神基因"，难以改变，至今依然发挥着强大影响。实事求是地讲，中国对俄罗斯的思维方式、行为方式、战略文化、外交艺术缺乏深度的认知和理解。在国际环境进一步复杂的当下，中国只有充分地认识到俄罗斯的复杂性，对俄罗斯的思维方式、行为方式了然于胸，才能把握中俄关系的发展方向，让中俄关系服务于中国的国家大战略。

七是要摒弃"中美俄大三角"思维，正确把握中美俄三边关系的发展。在今天国际形势异常复杂、国际关系议事日程异常复杂的情况下，中美、中俄、俄美三组双边关系各有各的价值、各有各的发展逻辑，简单的"二对一"对抗方式不符合中国的利益。对于中国来说，平衡发展与美国、俄罗斯两国的建设性伙伴关系同等重要。在国际大变局下，中国要跳出传统"三角关系"的思维框架，需要充分运用自身的实力、影响和智慧，主动引导和塑造中美、中俄关系的发展，努力实现中美俄关系的良性互动。

"印太战略"与大欧亚：认知与应对*

赵华胜

本文拟探讨两个大问题：一是"印太战略"与大欧亚进程的关系；二是"印太战略"与中国的关系。*

大欧亚和"印太"概念的凸起是近年来国际政治中的一个引人注目的现象，而更为不同寻常的是它们也被认为似乎在演化为两个体系的竞争。自冷战结束后，这种情形还是首次出现。虽然目前这还只是一种朦胧的状态，这种观察也多是学术界的敏感和联想，但它传递出的一个信息是：国际关系在整体形态上向冷战时期倒退也已开始成为话题。在这种情况下，有必要把大欧亚和"印太战略"放到一个分析框架中，对它们进行整体的对比和探讨。这个视角也许还有些超前，它还带有一定的理论假设成分，不过这个视角本身就有意义，它能提供一个独特的窗口，可以观察到单从大欧亚或"印太"角度所看不到的地区政治景观。

大欧亚和"印太战略"在地理上相邻，在经济上相连，在安全上相关，但它们形成的背景不同，含义有别，主导者为存在战略矛盾的不同大国，理念和目标差异明显。这样的两个进程将怎样发展？它们会发展为体系吗？又是否会出现类似冷战时期的体系竞争和对

---

* 本文原发表于《俄罗斯东欧中亚研究》2019年第2期。

抗？如果不会，它们又将是什么关系？

大欧亚和"印太战略"都与中国有密切关系。中国是大欧亚合作的主要参与国和推动者，同时中国也被认为是"印太战略"的主要对象和背景，特别是美国的"印太战略"更是直接以中国为目标。在这种情况下，中国应该怎样解读"印太战略"？中国对"印太战略"应采取什么立场和政策？

一、大欧亚和印太进程的突起

这里以大欧亚进程和印太进程称之，而不是叫作大欧亚伙伴关系和"印太战略"，是因为这里所指是综合的宏观进程，而不是某一国的具体政策或战略，相关国家的具体政策和战略都只是这一过程的组成部分。

仅仅几年前，大欧亚概念在国际政治中还默默无闻，"印太"概念也还只是几个国家学术和外交圈子中的宠儿，未登上大政治的舞台。不过，在短短几年时间里，大欧亚和"印太"概念迅速发展，不仅成为重要的地缘政治和地缘经济概念，而且成为跨区域性的战略框架。

这一情况的产生有复杂的背景，其中最基本的动因是地区力量格局的变动，大国关系的调整，这一地区在国际政治和世界经济中地位的提高，大国战略重心向这一地区的集中，以及各大国对更大的跨区域战略框架的寻求。

亚太和印度洋是大国聚集的地区，世界主要大国包括中国、美国、日本、俄罗斯、印度都在这一地区，此外还有东盟这样的集体经济体。以中俄印为代表的新兴经济体的崛起，极大地增加了这一地区的战略分量，也推动了大国关系的调整。随着这一地区成为越来越重要的世界政治和经济活动的动力源泉，它也越来越成为大国合作与矛盾的交汇点。各大国对这一地区的战略重视持续提高，并不约而同地向外拓展其战略规划框架。2013年，中国提出了"一带一路"倡议，在战略上向欧亚内陆和印度洋发展；俄罗斯在2016年提出了大欧亚伙伴关系，迈出了传统的欧亚范围即原苏联地区，在战略构想上走向亚太和印度洋；2014年，印度莫迪政府对"东向政策"（Look East Policy）进行了升级，提出了"东向行动政策"（Act East Policy），雄心勃勃地要更实质性地进入东南亚、东亚和亚太地区；2016年，日本正式推出了"印太战略"，把推动太平洋和印度洋地区的联通、加强与印度洋国家的经济和安保合作作为国家战略；2017年年底，美国"印太战略"也接踵而至，美国战略中心向东转移在奥巴马甚至更早时期就已经开始，从"转向亚洲"到"亚太再平衡"，再到特朗普的"印太战略"，战略东移的思想始终如一，而"印太战略"可说是其集大成者。这样，大欧亚、太平洋、印度洋地区成了大国拓展战略的共同疆域。

现在，在亚太、印度洋和欧亚地区各种区域机制林立，既有APEC这类公共性的全覆盖的区域机制，也有如东盟、欧亚经济联盟这样次区域性的合作组织，如果把这类全区域和次区域的机制不计入内，那么大型跨地区框架主要有四个，即"一带一路"、大欧亚伙伴关系、上海合作组织，以及"印太战略"。在这四个大型跨地区框架中，其背后的主要推动国是五个，即中国、俄罗斯、美国、日本、印度。如进一步细分，五个主要推动国又分属两个进程：中国和俄罗斯在同一个进程中，美国、日本则在另一个进程中，而印度则同时在这两个进程中。由此，在更宏观的层面上，这个地区的跨区域合作可抽象为两个大进程，即以中俄为代表的大欧亚进程和以美日印为代表的印太进程。

大欧亚进程是指以欧亚大陆为基本区域的联通、合作和一体化进程。如上所说，大欧亚进程不是指俄罗斯提出的大欧亚伙伴关系，大欧亚伙伴关系只是这个过程的组成部分。厘清概念是必要的。概念之争是现今国际政治中的突出现象，它反映了各国对自己独立身份意识的重视，对大国而言往往又暗含地缘政治和地缘经济的意义，因而为各大国所执着。不过，在概念上过于纠缠也会流于虚名之争。

大欧亚进程以中俄各自和共同的合作理念和区域机制为基础。它有三个主要的动力来源。

一是上海合作组织。上海合作组织是中俄在欧亚地区最早的区域框架，它最初的活动集中于中亚和传统的欧亚地区。2017年印度和巴基斯坦正式加入上海合作组织后，不仅增加了上海合作组织的数量，使上海合作组织的成员国从6个变为8个，更重要的是改变了上海合作组织的政治地理属性，使上海合作组织变为大欧亚地区组织。大欧亚地区成为上海合作组织的区域框架，这也自然使上海合作组织的发展与大欧亚进程并轨而行。

二是中俄在大欧亚地区的区域一体化战略。中俄在欧亚地区都有各自的区域发展构想和战略，在中国是"一带一路"倡议，在俄罗斯是欧亚经济联盟和大欧亚伙伴关系，它们也都推动着大欧亚进程。中国的"一带一路"远大于大欧亚的范围，大欧亚合作是它在这一地区的局部体现，它自然也推动着大欧亚合作。欧亚经济联盟是由俄罗斯主导的经济组织，它的成员国都是原苏联国家，俄罗斯对欧亚经济联盟的基本定位是推动在原苏联地区的一体化。近年来，欧盟经济联盟开始外向化发展，其主要形式是与其他国家建设自贸区，形成制度性或机制性的经济联系，它的对象首先是东南亚、西亚和南亚国家。这使欧亚经济联盟跨出了原苏联空间，走向大欧亚地区，并以此成为推动大欧亚进程的力量。大欧亚伙伴关系是俄罗斯在2016年正式提出的构想，它的名称本身已表明了它的志向。大欧亚伙伴关系与欧亚经济联盟在性质上一致，但在形式和特点上则有诸多不同。大欧亚伙伴关系是更高层次的战略构想,而不是具体的组织和机制。在大欧亚伙伴关系中俄罗斯有更强的主体性;俄罗斯可在它的框架内开展双边和多边活动,而不必总借欧亚经济联盟之名;大欧亚伙伴关系的合作形式更自由灵活,同时它的合作内容也更广泛多样。

三是中俄在大欧亚地区发展战略的对接。中国和俄罗斯是战略伙伴,避免在欧亚地区发展战略的冲突是两国的战略共识。为此,两国采用了战略对接的概念和政策,即丝绸之路经济带与欧亚经济联盟的对接,以此把两国在欧亚地区的发展战略纳入一个大框架中,使之合为共同推进大欧亚进程的动力。与此同时,中俄也在双边合作的议程中确定了共同建设大欧亚伙伴关系的议题。

印太进程是另一个宏大进程,它的主要参与者是美国、日本、印度、澳大利亚和东南亚国家,它的外缘扩散到其他的南亚和大洋洲国家。如同大欧亚进程一样,印太进程是相关国家的印太政策或战略的综合称谓,不专指某一国的"印太战略"。印太进程的基本内容是印度洋与太平洋地区的联接联通,主要表现为相关国家在政治、经济、安全上的密切联系与合作。

印太进程虽参与国很多,但决定这一进程成败最关键的角色是美国和印度。美国是印太进程最大的推动力量,这既是由于美国强大的综合国力,也是由于美国拥有的盟友网络和它的号召力。日本虽然是"印太战略"的积极推动者,它提出"印太战略"的时间甚至比美国更早,但日本的能力有限,它只能扮演先锋的角色,而不是"关键先生"。美国和日本共同代表着走向印度洋的太平洋地区。印度虽只是普通的大国,但它在印度洋一国独大,是印度洋地区的代表,没有印度的积极参与,所谓"印太"也就缺了一边。因此,印度对印太进程不可或缺。

印太进程与大欧亚进程在同一个时期出现,不管是有意还是无心，现实是它们之间存在着微妙的关系。两个进程有着一系列相交之处。首先，印太进程和大欧亚进程的主要参与国都位于亚太和大欧亚地区，它不仅与大欧亚进程为邻，而且在地域上有一定重合。其次，印太进程和大欧亚进程的参与者也存在重合，一些国家同时参与两个进程，或是对方的合作对象国。再次，印太进程、更准确地说"印太战略"被认为有针对中国和大欧亚进程的含义。最后，两大进程的结果相互作用和影响。由此两者不再是孤立的进程，而是存在着内在关联。

二、对"印太战略"性质的理解

在分析印太进程与大欧亚进程和中国的关系之前，对"印太战略"基本内容和性质做一定了解是必不可少的。

"印太战略"是美、日、印、澳战略契合的产物，这一契合的基本点就是有必要形成太平洋—印度洋框架，四国和该地区其他国家以印太为框架进行合作。

作为正式的国家战略，日本是"印太战略"的始作俑者。2016年8月，日本政府正式提出了"自由开放的'印太战略'"。[1] 按照日本外务省的构想，"印太战略"要联系两大洲，即亚洲和非洲；连接两大洋，即太平洋和印度洋。日本力图在"印太战略"框架内大力展开与东盟、印度和非洲国家的合作。[2] 不过，日本"印太战略"也被认为有抑制中国的含义，日本的意图是通过印太与美印澳等形

---

[1] 这是日本首相安倍2016年8月在内罗毕提出，在此之前，日本已进行了10年左右的酝酿准备。参见吴怀中：《安倍政府印太战略及中国的应对》，《现代国际关系》2018年第1期，第13页。

[2] Priority Policy for Development Cooperation 2017FY. International Cooperation Bureau, MOFA, April 2017.

成共同战略利益和认知，来制衡中国在亚太地区的政治、经济和军事影响力。① 2018 年年底，日本将"印太战略"改名为"印太构想"，据称是为了更易为东盟国家接受和避免中国的误会。②

同时在印度洋和向太平洋发展是印度外交的重要方向，它的具体战略表述为"向东看"（Look East）和"向西看"（Look West），也被称作东进西联。所谓"东进"是向东南亚乃至东北亚发展，所谓"西联"是通过阿拉伯海与西亚、中亚、高加索以及俄罗斯和欧洲联通。③ 尽管印度官方较少使用"印太战略"的概念，但它连接太平洋和印度洋地区的思想与其是一致的。

澳大利亚对印太概念有很高的热衷。还在 2013 年，澳大利亚就开始在官方层面正式使用"印太"概念，其后，澳大利亚对"印太"概念继续发展，重视程度也不断增加。澳大利亚热衷于"印太"概念的原因被认为是这可凸显它作为两洋国家的独特作用和地位，缓解它的身份焦虑，帮助它融入东亚合作，同时，在中国崛起的背景下，维护以美国为主导的地区秩序，对冲地区合作中的中国中心化。④

美国正式推出"印太战略"比日印澳都晚，但只是在美国宣布"印太战略"后，"印太战略"才真正获得区域性大战略的意义和地位，也才真正引起中国和俄罗斯的重视。关于美国的"印太战略"，下面将专门叙述。

毫无疑问，在整体层面上，"印太战略"具有共性，参与国有相

---

① 葛建华：《日本构建"印太战略"的主要动因》，2018 年 2 月 6 日，http://www.rbxk.org/Show/1406? itemid = 43959。
② 《印太"战略"变"构想"？日媒：中日关系改善 避免引起中国误会》，2018 年 11 月 14 日，https://news.china.com/domestic/945/20181114/34420296.html。
③ 林民旺：《"一带一路"与南亚地缘政治》，世界知识出版社，2018 年 11 月版，第 204、213 页。
④ 周方银、王婉：《澳大利亚视角下的"印太战略"及中国的应对》，《现代国际关系》，2018 年第 1 期。

近的利益和目标，其共同点是加强政治经济和安全合作，发展太平洋和印度洋之间的大联通和大联合，相互开拓和提供更大的发展空间，通过集体安全合作，抑制由于中国崛起所引起的安全焦虑。但在国家层面上，各参与国的目标和政策存在差异，因而不能完全等同。

作为美国的国家战略，"印太战略"是特朗普2017年11月在越南岘港的APEC会议上提出的，它的正式名称是"自由开放的印太战略"，这一名称显然是从日本借用的。

在"印太战略"正式提出后，美国国务院副助理国务卿阿列克斯·王（Alex N. Wong）、时任国防部长马蒂斯、国务卿蓬佩奥分别从政治、安全和经济角度对"印太战略"进行了阐释；另外2017年12月发布的《美国国家安全战略报告》也就"印太战略"做了阐述。迄今为止美国官方对"印太战略"的主要权威解释都来自此。

美国"印太战略"的核心词是"自由"和"开放"。按照美国的官方解释，"自由"的含义首先是在国际层面印太国家不受胁迫、保持主权独立，并独立地选择自己的道路。其次是在国内层面，增进良治、保证公民基本权利、加强透明度和反腐败。

"开放"的含义一是指开放的国际海上航行和空中交通，美国认为世界上50%的贸易是通过印太特别是南海进行的，因此美国认为保证这一地区的海上航行自由特别重要。二是开放的基础设施建设，印太地区在基础设施建设上有很大缺口，需要推动印太地区的基础设施建设。三是更开放的投资，不仅是增加美国的投资，更主要的是鼓励本地投资和创新。四是更开放的贸易，鼓励自由、公正和互惠的贸易。

美国认为"印太战略"是它过去70年未变的思想，只不过现在有新的特点：一是印太地区的经济影响上升；二是现在印度承担着印太自由开放秩序保证者的角色。

阿列克斯·王表示，"印太战略"要求必须加强自由贸易的规则，必须确保任何国家不滥用规则，不强制技术转让，不偷窃技术产权。这都是美国在中美双边关系中常用来指责中国的典型用语。①

时任美国国防部长马蒂斯从安全角度对"印太战略"做了说明。他表示印太地区对美国的持续稳定、安全、繁荣有着关键意义。马蒂斯认为，美国"印太战略"的含义：一是加强对海路运输空间的关注；二是加强与同盟和伙伴国的协同（interoperability）；三是加强公民社会建设和治理透明度；四是以私营经济为指导的经济发展。

马蒂斯指出，"印太战略"是美国国家大安全战略的组成部分，在原则精神上与美国大战略保持一致。②所谓"大战略"首先是2017年12月发布的《美国国家安全战略》。在这个文件中，美国把中国和俄罗斯定位为战略竞争者和国际秩序的修正者。

在《美国国家安全战略》中，有大量对中国的负面表述。它认为，过去几十年美国的政策建立在这样一种信念上，即支持中国的崛起和使它加入战后国际秩序有助于中国的自由化。但与美国的希望相反，中国以牺牲其他国家的主权扩大了自己的权力；把它的集权制度包括腐败和监控向外扩散；它正在建设世界上最强大和资金充裕的军队；它的核武库不断增加并多样化；中国军事现代化和经济扩张的部分是利用了美国的创新经济，包括美国的世界一流大学。③

美国国防部把印太地区看作未来国际秩序之争的战场，它在2018年1月发布的《美国国防战略报告》中说，在印太地区正在出现一场关于未来世界秩序的地缘政治竞争，它的一方是自由的世界秩序思想，另一方是专制的世界秩序思想。显然，自由的世界秩序

---

① Alex N. Wong, Deputy Assistant Secretary, Bureau of East Asian and Pacific Affairs, Briefing on The Indo-Pacific Strategy, April 2, 2018. https：//www.state.gov/r/pa/prs/ps/2018/04/280134.htm.
② Defense Secretary Mattis in Asia: The Singapore Speech, By defense. Info Media Team, 06/06/2018. https：//defense.info/video-of-the-week/defense-secretary-mattis-in-asia-the-singapore-speech/.
③ National Security Strategy of the United States of America, December 2017. https：//www.whitehouse.gov/wp-content/uploads/2017/12/NSS-Final-12-18-2017-0905.pdf.

思想是指美国，专制的世界秩序思想是指中国和俄罗斯。

《美国国防战略报告》还指责中国说，为了使他国接受中国的政治和安全议程，中国使用经济诱惑和惩罚的手段，并动用军事威胁；中国的基础设施建设投资和贸易战略强化了它的地缘政治地位；它在南海建立出口和军事化对贸易的自由流通带来危险，威胁他国的主权，破坏地区稳定；中国快速的军事现代化意在限制美国进入这个地区；中国说其雄心勃勃的计划对双方都有利，但中国的主导实际上降低了许多印太国家的主权。①

美国大战略对中国的定性决定了"印太战略"对中国的定位。马蒂斯表示，美国与中国的关系受"印太战略"的指导；中国在南海的政策与美国主张的开放性背道而驰；中国的宏观目标引人怀疑；中国在南海的军事化有有意为之的性质，包括在南海部署反舰导弹、地空导弹、电子干扰器，以及在永兴岛起降轰炸机。

马蒂斯指责说，中国所做和所说相反。中国部署这些武器系统是为了以武力进行恐吓和胁迫，中国在南沙的军事化也与中国政府2015年在白宫玫瑰园的许诺相反。②

美国国务卿蓬佩奥从经济角度对"印太战略"做了说明。他说印太地区的经济重要性在于世界1/3的人口居住在这里，世界最大的六个经济体中的四个也位于这里，即美国、中国、日本和印度，另外还有快速发展的东盟。

蓬佩奥说美国是印太地区最大的双向贸易国和最大的投资来源。美国"印太战略"的经济合作优先方向是数据和网络联通、能源合作、开拓印太能源市场、基础设施建设和基础设施联通，简单地说

---

① Summary of the 2018 National Defense Strategy. https：//dod. defense. gov/Portals/1/Documents/pubs/2018 – National-Defense-Strategy-Summary. pdf.
② Defense Secretary Mattis in Asia：The Singapore Speech, By defense. Info Media Team, 06/06/2018. https：//defense. info/video-of-the-week/defense-secretary-mattis-in-asia-the-singapore-speech/.

是三大领域：数字经济、能源、基础设施建设。①

在"印太战略"的背景下，美、日、印、澳在2017年年底重启了"四边安全对话"（QUARD）。"四边安全对话"构想始于2004年12月的印度洋大海啸后，它最初的目的是协调美、日、印、澳在印度洋大海啸后的救灾行动，不过它只在2007年举行了一次对话，此后就偃旗息鼓。美国的"印太战略"正式提出后，"四边安全对话"快速复活，显示出比过去大得多的活力，不仅活动频率大大加快，而且它的议题也完全改变，从最初的救灾协调提升为经济与安全合作，因此有人将其称为"四边安全对话2.0版"。② 在过去的一年里，"四边安全对话"已经举行了三次，分别是在2017年11月、2018年6月和2018年11月。第一次会议以"自由开放的印太"为主题，其核心议题是"构建安全和繁荣"与合作的基础——"共同的民主价值"。第二次会议的重点包括支持东盟在地区机制构建中的中心地位，以及推进地区可持续经济合作。第三次会议的主题是"支持自由、开放、包容、基于规则的秩序"，安全和经济是主要议题。毫无疑问，"四边安全对话"与"印太战略"有密切的内在联系，但在名义上它还不是"印太战略"框架内的附属机制，它在"印太战略"中的地位和功能也不清晰，未来它将向什么方向发展也还不确定。它有可能在"印太战略"的框架里得到定位，或是形成某种常设机制，或是被整合，舆论有把它看作"东方北约"或亚洲版"小北约"的观点，③ 在目前看来这过于夸张和渲染。但美、日、

---

① Michael R. Pompeo, Secretary of State, Remarks on "America's Indo-Pacific Economic Vision", July 30, 2018, https://www.state.gov/secretary/remarks/2018/07/284722.htm.

② Barker Gale, Program Manager and Research Associate, Alliances and American Leadership Project, The Quadrilateral Security Dialogue and the Maritime Silk Road Initiative, April 2, 2018. https://www.csis.org/analysis/quadrilateral-security-dialogue-and-maritime-silk-road-initiative.

③ 张洁：《美日印澳"四边对话"与亚太地区秩序的重构》，2018年10月16日，http://www.sohu.com/a/259936825_619233。

印、澳的双边和多边军事安全合作确实越来越密切，并且有形成地区安全网格的趋势，这确实值得关注。

与"印太战略"的概念相适应，2018年5月美国太平洋司令部正式更名为印太司令部。

尽管美国宣称"印太战略"不排斥任何国家，但从以上美国官方文件和高层政府官员的讲话中，可以清楚地看出美国"印太战略"具有显而易见的针对中国的意图，而且美国对此几乎是公开表达，并不加以掩饰。"印太战略"针对中国的意图反映在政治、安全、经济和国际领域各个层面上。在政治层面，"印太战略"意在阻止中国在这一地区政治影响力的上升；在经济层面，"印太战略"意在反对中国的对外经济模式；在安全层面，"印太战略"欲抑制中国在南海的行为能力；在国际层面，"印太战略"意在与中国以及俄罗斯在国际秩序建设上展开竞争。简言之，美国"印太战略"具有地缘政治和地缘经济竞争的强烈指向，它的目标首先是中国和中国推动的地区合作进程。美国"印太战略"的这种性质是其固有的，并不是对其过于敏感的理解。中国在政策上可以做不同的应对，在外交表态上可以比较策略，但对美国"印太战略"性质的认识须客观准确，不能以愿望代替现实。

三、印太进程与大欧亚进程

在了解了"印太战略"的基本性质后，可以对以"印太战略"为骨架的印太进程与大欧亚进程进行一个简单的对比。

大欧亚进程和印太进程使这一地区出现了两个相互交叉的跨地区框架，它们都覆盖面广阔，包含国家众多，都有区域联通的使命和功能。不过，这两个框架显示出一系列重要的不同。

在进程的主体上，大欧亚进程以中国和俄罗斯为主要国家和动力源，印太进程以美国、日本、印度和澳大利亚为主要国家和动力源。

在地理特征上，大欧亚进程是以传统的大陆国家为主，如中国、俄罗斯、中亚国家等，它的活动主要是在欧亚大陆，并从大陆走向海洋。印太进程则是沿着太平洋和印度洋环行，并从海洋进入大陆。它的主要参与国都是传统意义上的海洋国家，包括美国、日本、印度、澳大利亚和东盟国家。

在政治文化上，大欧亚国家大多是非"西方"国家，因此大欧亚进程天然有非西方特征和性质。印太进程国家在政治文化上属于"西方"的范畴，美、日、澳都是政治文化和价值体系上的"西方"国家，印度则被称为世界上最大的民主政体，一些东盟国家如新加坡也在政治文化上为西方接纳。

在意识形态原则上，大欧亚进程不以意识形态为合作条件，不输出价值观，没有意识形态要求。印太进程则以西方的意识形态为价值观，对成员国有意识形态要求，并负有推行西方意识形态的功能。

在合作内容上，大欧亚进程以经济合作为基本取向，不追求地缘政治目标，不针对其他国家。印太进程的合作则包括政治、经济和安全，而且传统的地缘政治安全的内容很重，具有浓重的地缘政治和地缘经济色彩。

在开放程度上，大欧亚进程没有门槛，对这一地区所有国家开放。印太进程虽名为开放，但由于它的限制性条件和定义，它的开放实际上是有限的，在某种意义上也可以说是不开放的。印太进程一方面促进一些国家的联合，另一方面又排斥其他一些国家，因而它具有刺激地区分裂的潜在因素。

如此之多的重要不同使大欧亚进程和印太进程的差异不仅仅是

技术性和个别性的,而是具有了某种系统性差异的特征,而且在一些方面这些差异是矛盾和对立性的。由此,尽管还不够充分、不够全面和不够清晰,但两个竞争性体系的影子确实有若隐若现之感。实际上,国际政治中也确实有新两大体系之说,① 这主要是在俄罗斯学术界,其中也有观点把大欧亚看作新的大陆体系,它的对立面是以美国为代表的海洋体系。

由此产生的问题是:大欧亚进程和印太进程是否会形成对立的体系?更进一步问,它们本身有没有成为体系的可能?

尽管国际政治中无形的分界线有越来越深的趋势,大欧亚进程和印太进程也出现了某些体系竞争的迹象,但仍可以认为,如无重大形势变化,大欧亚进程和印太进程不会形成类似冷战时期的对立体系。

大欧亚进程和印太进程不是传统的陆权和海权体系竞争的再现。它们虽有传统的大陆体系和海洋体系的外在特征,不过,在当代世界,大陆国家和海洋国家的界限在相当大程度上已经被打破,继续以大陆和海洋体系来划分世界已不科学,而且已没有那么重要的实践意义。随着经济全球化的发展和现代交通通信的发达,历史上的大陆和海洋国家的划分即使没有完全过时,至少已没有过去那么重要和明显,国际政治中的地理特征已不具决定性意义。另外,时过境迁,历史上曾经的大陆国家和海洋国家也不复是从前的情况。中国曾被认为并且也自认为是大陆国家,海洋是中国的屏障,而不是发展的空间。但现在中国对自身的认识已经有所不同,它已既是大陆国家也是海洋国家,而且它既向大陆发展也同时向大洋发展。中国以其如此之大的海外贸易投资、如此庞大的海洋运输能力、如此

---

① Дмитрий Мосяков, Мы вновь идем к борьбе двух систем? 30 октября 2018 http://russiancouncil.ru/analytics-and-comments/analytics/my-vnov-idem-k-borbe-dvukh-sistem/.

之雄心勃勃的海洋丝绸之路建设计划、如此巨大的海外利益规模，它无论如何也不再仅仅是大陆国家。俄罗斯的情况也类似。俄罗斯也是典型的传统意义上的大陆国家，但现在仍以大陆国家定义俄罗斯已不十分合适，大陆虽是俄罗斯发展的主要地域，但海洋也是俄罗斯越来越重要的发展方向，特别是向太平洋和北冰洋地区的发展。因此，把大欧亚进程和印太进程看作大陆体系与海洋体系的关系已不准确，自然也不会有纯粹的大陆体系和海洋体系的对立与竞争。

在政治上，大欧亚进程和印太进程不会成为两大集团。不能不看到，国际政治中的冷战思维在上升，集团政治仍然流行，以其本国的好恶分裂国际社会的做法越来越不加掩饰。大欧亚进程和印太进程也将长期处于这种压力和氛围中。无视或否定这一状态是不客观的。但同时应该看到，与之相对冲的观念和力量也已兴起，这就是主张合作共赢、反对"零和"思维、反对对抗对立的观念和力量。中国作为大欧亚进程的主要推动国之一，它既没有建立地缘政治集团的打算，也无意与其他地区进程对抗。从根本上说，大欧亚进程本身是基于合作理念的合作项目，包括与其他国家和地区机制的合作，竞争和对抗不是它的目的。毫无疑问，存在着建立排他性政治集团的思想，但它不仅受到外部因素的制约，也受到内部因素的制约，也就是多数参与国不会赞成和盲目追随这种政策。大欧亚进程和印太进程都是如此。以大欧亚来说，该地区绝大部分国家都不仅不反美，而且希望与美国发展关系，反美主张不会得到它们的支持。再以印太进程来说，尽管参与国在不同程度上都有对中国的忧惧，但这不意味着它们愿跟随美国与中国为敌。[1]

在经济上，大欧亚进程和印太进程不会演变为两个市场。事实

---

[1] Zhao Minghao, The "Indo-Pacific Strategy" and China-US Geopolitical Competition, Aug 21, 2018. https：//www.chinausfocus.com/foreign-policy/the-indo-pacific-strategy-and-china-us-geopolitical-competition.

上，在当今的条件下，已经不可能建立起相互封闭的平行市场。世界已是一个共同市场，各国都是这个共同市场的一分子，它们的经济联系已是如此错综交织，难以再把它们分开。参与国际经济分工是各国的经济利益所在，脱离世界市场不符合它们的经济和发展利益。以中国来说，美国和日本是它最主要的贸易国，而中国是美、日、印、澳和东盟最大的贸易伙伴，它们不可能被分割为两个市场。大欧亚进程也不可能形成完全"去美元化"的体系，所谓"去美元化"只是随着其他经济体的成长，增加其他货币作为国际货币的比重，这是自然和合理的，但不是完全排斥和代替美元，这是不可能的，也是没必要的。

还应看到，这一地区有相当多国家具有双重身份，即它们既是大欧亚进程的参与者，又是印太进程的参与者。这形成了大欧亚进程和印太进程你中有我、我中有你的状态。一方面，这可能刺激两大进程的竞争；另一方面，这又在两大进程中建立起了一种衔接。例如印度，它是印太进程的关键角色，又在大欧亚进程中占有重要地位。印度已是上海合作组织成员，并努力向西发展。2019 年 1 月，印度与中亚五国成立"5 + 1"机制并举行了首次外长会晤，阿富汗也被邀参加。① 2016 年，印度与伊朗和阿富汗再次签署建立查巴哈尔运输与过境走廊的协定。2018 年 12 月，伊朗将查巴哈尔港租借给印度，查巴哈尔港与伊朗铁路网的连接也预计在 2019 年实现。② 与此同时，从印度经伊朗、高加索到俄罗斯并可达欧洲的国际南北运输走廊也在 2018 年开始试运营。这些项目将共同构成从印度洋到大

---

① Первая встреча министров иностранных дел диалога Индия-Центральная Азия. В Самарканде прошла встреча глав МИД "Индия — ЦА" с участием Афганистана, 13. 01. 2019. https: // tj. sputniknews. ru/asia/20190113/1027958428/india-central-asia-afghanistan-samarkand-vstrecha-glavy-mid. html.

② Александр Рыбин, Иран пустил Индию в Центральную Азию, 28. 12. 18 https: // www. fergana. agency/articles/103941/.

欧亚之间的交通大通道，可以说这是印太进程向大欧亚进程的进入，也可以说是大欧亚进程向印太进程的进入，无论怎么说，结果是两者的交织和连接。东盟国家也是一样，它既是印太进程的参与者，也是大欧亚进程的合作对象。中国与东盟建立自贸区已有9年之久，俄罗斯也视东盟为大欧亚伙伴关系的重要伙伴。日本虽是印太进程的重要成员，但它也在俄罗斯大欧亚伙伴关系的视野中，假使俄日在领土问题上取得突破，俄日关系必将快速发展，俄罗斯也会尽力把日本拉入大欧亚进程中。与此同时，中日韩自贸区谈判也在进行，东北亚地区经济一体化程度将越来越深。

在安全上，大欧亚进程没有向安全机制发展的计划，没有可能成为军事体系，因此不会出现大欧亚进程与印太进程作为安全体系的对峙，它们更不可能成为两个对立的军事集团。

还有一个更具根本性的因素，那就是在现在的条件下，大欧亚进程和印太进程都将表现为一个持续的进程，而很难变为真正的体系。体系不成立，自然也不会有体系的对立。大欧亚进程和印太进程作为合作框架它们或松或紧，它们之间的政治边界可能会越来越加深和越来越清晰，并且越来越具有某些体系的特征，但它们整体上仍达不到体系的层次。原因与前述相似，既有来自外部的限制，也有来自内部的制约。可能会出现这样的疑问：大欧亚进程和印太进程既具有越来越多的体系特征，但又不成为体系，这似乎有些矛盾，确实是这样。不过，这也正是当今国际政治的矛盾性、复杂性、不稳定性的真实反映。在一个复杂和矛盾的国际政治进程中，它也不可能呈现为非黑即白和泾渭分明的状态，某种程度的模糊性和矛盾性是难以避免的。

除了外部因素的制约外，大欧亚进程和印太进程自身也都缺少发展为体系的一些重要要素，即高度一致的构建体系的战略共识、意愿、条件和能力。大欧亚进程和印太进程都是如此。大欧亚进程在推动地区联合的宏观层面是一致的，但在次宏观层面，各国的战略理念、构想和目标追求是差异化的，并且在某些方面存在一定的竞争性，这在大欧亚进程的两个主要推动国中俄之间也有表现。中俄一带一盟的对接是两国大欧亚战略合作的标志，但中国的基本构想和目标是经济一体化，而俄罗斯的重点是向大欧亚空间的政治经济进入，提高俄罗斯在大欧亚地区的主体性地位，构建更为平衡的地区经济结构，与中国的经济一体化不是俄罗斯的主要目标，俄罗斯甚至对它抱有疑虑。这自然会制约大欧亚进程向更高层次的提升。印太进程也有内在的自我制约因素，在经济上它不可能与中国脱钩；在安全上相关国家虽然在宏观层面有相通之处，但在次宏观层面，各国的思想和策略有很大不同，一些国家只是希望形成对中国军事能力的对冲，但不是对中国进行直接军事挑战和与中国形成军事对抗，因此也难以形成针对中国的统一军事体系。

以上否定了大欧亚进程和印太进程形成对立体系的可能性，也否定了它们自身上升为体系的可能性。那么，大欧亚进程与印太进程是什么关系？又应如何解释亚太战略中针对中国及大欧亚进程的功能和性质？对此的简单回答是：在可见的将来，大欧亚进程和印太进程将保持为两个存在矛盾和竞争的平行进程，它们确实表现出某些体系竞争的迹象，也不能否定其背后的地缘政治和国际秩序竞争背景，还有分析直接把它看作欧亚大博弈和国际秩序之争,[1] 但它们的矛盾和竞争尚不是体系性的，而是在两个进程之间，以及在两个进程中的单元之间。作为进程之间的矛盾与作为体系之间的矛盾不同，一方面，进程之间的矛盾和竞争主要表现为非系统的、非全

---

[1] Pepe Escobar, Great Game Rematch: Chinese, Russians Lead US in Struggle for Eurasian Dominance, 06.02.2019 https://russia-insider.com/en/great-game-rematch-chinese-russians-lead-us-struggle-eurasian-dominance/ri26175? ct = t (Russia_Insider_Daily_Headlines11_21_2014) &mc_cid = 1b24574b90&mc_eid = 820958ffa8.

面的、非直接的、非尖锐的形式；另一方面，矛盾会更突出地表现在两个进程中的单元之间，即在某些特定的国家之间，而不是以体系表现的全部国家之间，矛盾的焦点也是针对某一特定领域、特定内容、特定议题，而不一定是整体的矛盾。单元之间的矛盾和竞争会表现得比较显性、直接、公开，也可能很尖锐，并且会出现在军事安全领域。但无论如何，不会再出现类似冷战时期的两大体系，也不会出现类似冷战时期的两大体系对立。

不过，如果未来形势继续向负面方向发展，在地缘政治和国际秩序之争越来越加深的情况下，大欧亚进程和印太进程有可能形成两个并立的"软体系"，它们之间则可能出现"软对立"。"软体系"意指介于体系和进程之间的一种形态，近乎体系而又不是体系。它具有比较明显的体系特征和自觉意识，但还不是完整和真正意义上的体系。在性质上它兼具冷战和后冷战的成分，既有冷战时期的某些属性，也有后冷战时期的某些特征。"软体系"之间相互为确定的竞争对象或对手，但不是类似冷战时期的公开敌对和对抗。"软体系"的分野主要来自三个方面：其一是在意识形态上的分歧。它的含义与冷战时期已有所不同，它不再是社会主义和资本主义，而是所谓的西方自由民主价值观与非西方价值观。其二是在新国际秩序建设上的分歧，西方的说法是自由主义国际秩序和威权主义的国际秩序。其三是在战略安全上的分歧，是以新型安全观还是以传统的冷战思想为基础建立国际安全体系。客观地看，印太进程比大欧亚进程的体系痕迹更重，特别是在意识形态和安全领域，它也更有向体系发展的主观思想，自然，它变为"软体系"的可能性更大。它是以大欧亚进程为对立面，因此，如果它出现，不管大欧亚进程是否希望，它都可能被动地成为另一"软体系"。

四、中国的认识和政策选择

对于大欧亚进程，中国本身就是参与者和推动者，不存在政策选择的问题。所谓政策选择是针对印太进程和"印太战略"而言。

"印太战略"的发展前景不定，特别是美国能否把"印太战略"持续推进下去，并达到其战略目标存有疑问。不过，作为一个进程，也就是亚太与印度洋地区国家越来越密切的连接与合作，它很可能将是长期现象，而不是昙花一现。中国对于"印太战略"虽不必过分看重，但需认真对待，不应忽视和轻视。在过去这些年，美国在大欧亚和亚太地区相继推出过"大中亚计划""新丝绸之路战略""转向亚洲""亚太再平衡"，直至现在的"印太战略"。这是美国在这一地区一贯战略思想的综合和升级，不但将长期持续，而且力度可能会增加。"印太战略"在印度、日本以及澳大利亚都酝酿多年，这也是这些国家的长期战略追求，虽然其重点各不相同。这都是"印太战略"能够长期持续的重要因素。

许多分析对印太进程的前景评估较低，或者认为它没有前景。这或许有其理由。不过，也应该看到印太进程也具有某些优势条件。"印太战略"有较强的战略共识和政治自觉，参与国有较高的积极性；在经济上美、日、印、东盟都是庞大的经济体，经济能力大，互补性强，多是市场经济国家，有共同的规则意识，从经济的角度看印太进程更有优势，也更易推进；此外，"印太战略"内部不存在重大的竞争性结构，角色的互补性和互容性比较强，内部身份地位的竞争比较弱，内耗性比较低。

中国对于"印太战略"应有所区分，并采取多层面有差别的政策：一方面，需要对其不同内容做出区分；另一方面，需要对不同国家的"印太战略"做出区分;还有一方面,需要对整体的"印太战略"和美国的"印太战略"做出区分。作为地缘政治工具的"印太战略"是一回事,太平洋和印度洋地区的连接以及经济合作是另一回事,虽然它的经济合作也会带有地缘政治色彩。相应地,中国对美国"印太战略"中针对中国的冷战思维和政策是一种态度,对印太两大地区的连接和经济合作应是另一种态度。同样,中国对各不同国家的"印太战略"也应客观地理解和有差别地对待。

应该看到,印太不是亚太的自然延伸,印度洋与太平洋同为世界大洋,它们的连接是两个平行的世界大洋的连接。虽然使印度洋国家进入亚太合作体也是一种可能的融和途径,但看来更可能被接受的是太平洋和印度洋两个概念平行,以平等的身份进行连接,而不是一个概念并入另一个概念,或者是在概念上一个地区并入另一个地区。

在外交上,中国应有明确的立场,不反对亚太和印度洋国家的经济合作,不反对两大洋地区连接联通,不反对形成共同的合作平台,同时也不反对有利于地区稳定和共同安全的安全合作。"印太战略"在经济合作层面为所有亚太和印度洋国家所接受,这符合它们的经济利益,对此反对是不明智也不可取的。中国主张世界的联通,自然也不能反对太平洋和印度洋地区的联通。

印太连接是全球化进程的自然结果,是两大地区合作增加的自然过程,也是印太两大洋地区国家经济发展的自然需求。这是地区发展的大势,不可能也不应该阻止。认为印太概念纯粹是人为制造、不符合地理区域特点的观点不是很有说服力。在世界一体的概念下和经济全球化的条件下,地区连接已经是在全球的平台上,不再受到自然地理的限制。况且东南亚、印度、澳大利亚本身就在两洋之间。也不应把其他合作框架内的投资和基础设施建设自然地看作对"一带一路"的冲击,这也是一种排他性思维的反映。在世界范围的投资和基础设施建设是国际社会共同的权利和事业，不可能由任何一国包办，而只能通过发展良好的政治关系和激烈的商业竞争去参与和争取。只要有利于当地的经济社会发展和地区的联通，在理论上都是不应该反对的。

中国应避免主动形成与"印太战略"的对立，不主动把自己放到"印太战略"对手的位置。但对"印太战略"中表现出的针对中国的冷战思维和遏制意图则须坚决和明确反对。这既是为表达中国的原则立场，抑制"印太战略"向公开挑战中国的方向发展，也是向相关国家传递信息，表明中国的底线，阻止它们追随反华政策，强化它们不在中美之间选边站队的立场。

中国可通过与印太进程参与国的双边或小多边合作影响印太进程。这种做法更具主动性，也会比与印太进程的隔绝产生更好的效果。这可在一定程度上将中国封闭的空间转变为开放的空间，有利于中国争取印太进程参与国，将中国的影响投入到印太进程的内部，降低其针对中国的成分，减轻它可能产生的负面作用，并增加中国进入印度洋地区的途径。

印度是亚太战略中的关键角色，对大欧亚进程也有重要作用，发展与印度的关系不仅是影响印太进程的重要路径，也是塑造这一地区战略结构的重要因素。俄罗斯有看法主张以中俄印为骨架形成新概念上的大陆框架，其中的关键是中印能否达成战略理解。[1]

莫迪表示，"印太战略"不是封闭的俱乐部，不针对任何国家，它向所有这个地区的国家和与这一地区有利益关系的国家开放。[2] 中国与印度合作并不难，困难在于以什么框架之名。以"一带一路"

---

[1] A. Kortunov. Воссоединение Хартленда: геополитическая химера или исторический шанс? （引自该文作者寄给本文作者的文章，该文即将发表）

[2] Nyshka Chandran, India's Modi stresses vision for an inclusive Indo-Pacific, 1 June 2018. https://www.cnbc.com/2018/06/01/indias-modi-stresses-vision-for-an-inclusive-indo-pacific.html.

的框架印度不接受，以"印太战略"的框架则中国有困难。因此，选择合适的框架是重要的先决条件。一个可能的途径是在"一带一路"、大欧亚进程和印太进程框架里平行地合作，各取所需。印度所要的是不居人下的大国地位和印度洋领袖的身份。印度拒绝参加开放的"一带一路"，但表示可以接受中国参与印度为东道主的印太俱乐部，这是一个有意味的范例。

中国对印度的身份意识需适度理解。印度有强烈的显示自己独特国家身份的愿望，印度洋是它独特国家身份的地理依托，也是它大国地位的地理象征，进入亚太地区是印度的对外战略发展方向，与中国的发展竞争是印度持久的内心焦虑。美国"印太战略"也是利用了印度的这些特点。客观地看，印度的这些想法和做法都是中国难以改变的，中国可以对印度的大国虚荣心给予适度的满足，对它进入亚太地区的愿望表示理解，但同时也要使印度正面接受中国进入印度洋地区，并不阻碍中国的"一带一路"建设。

中国应表明它是亚太和印度洋地区连接的实践者和推动者，以在面对印太进程时居于主动地位。从根本上说，亚太和印度洋地区的连接符合中国的利益。它与中国区域大联通的理念不冲突，与中国"一带一路"的建设不矛盾，在经济上对中国也有利。事实上，太平洋和印度洋地区的经济联系一直在发展，而中国是这个过程中的最大推动者。中国是亚太和印度洋主要国家的最大贸易伙伴，包括美国、日本、韩国、俄罗斯、印度、澳大利亚、东盟国家。中国也是这一地区和最主要投资来源之一。中国在印度洋地区积极发展，与东盟已经建立了自贸区，在巴基斯坦经营瓜达尔港，建设中巴阿经济走廊，在斯里兰卡承建工程和经营码头，修建中缅油气管道，中国也曾提出过中印孟缅经济走廊的设想。可见，中国实际上一直在推动着太平洋和印度洋地区的连接，这一过程本身与中国的战略发展思想和实践都不相悖。

中国也应把印太进程作为中国深入印度洋地区的一个途径，并尽量利用它提供的可能性。在推进"一带一路"和大欧亚进程的同时，中国也可视为参与印太进程的经济合作，特别是基础设施项目建设，这特别为印度洋国家所需要，也是中国的强项。中国不必担心参与印太进程会迷失自我，或是有损于"一带一路"建设。以中国的经济和政治体量，它没必要担心失去自我身份和主动，而且中国参与的项目，必然会带有中国和"一带一路"的印记。事实上，这更可能引起的是印太进程参与国的担心，特别是美国。[①] 因此，真正的问题是中国能否进入。即使如此，中国合作和参与的意愿可显示中国的积极态度，使中国在与印太进程的关系中处于主动态势。

中国推进大欧亚进程，但不追求与印太进程的地缘政治和地缘经济竞争，并应尽可能避免这种竞争。但也需要看到的是，作为宏观框架，在政治上大欧亚进程与印太进程对接的可能性很小，它们之间存在原则性差异，难以通洽。在政治上，未来大欧亚进程与印太进程关系的核心问题不是如何协调与对接，而是如何防止形成隔离和对立。但在经济上，包括在基础设施建设和联通上，大欧亚进程和印太进程不仅有合作的可能，而且它们之间的连接和联系难以避免。

印太进程对中俄共同推动的大欧亚进程是一种压力和挑战，但同时也为中俄大欧亚合作提供了新的动力和机会，它使中俄在推动大欧亚进程上更有紧迫感，促使两国更密切地合作。中俄共同应对印太进程的含义不是为了与印太进程对立对抗。它确有对"印太战略"的侵他性内容进行抵制的一面，但它更主要的含义是在印太进程的挑战和压力下，中俄应更务实有效地推进大欧亚进程，使大欧

---

① 如有学者断言，印太是一个对中俄不具包容性的地缘政治概念，参见周方银、王婉：《澳大利亚视角下的"印太战略"及中国的应对》，《现代国际关系》，2018年第1期，第36页。

亚进程的合作不落后于印太进程，使大欧亚进程充满活力和吸引力，不断向前推进，并给各国带来实际的经济利益，否则大欧亚进程难免相形见绌，一些大欧亚国家对印太进程产生更大兴趣也不是不可能。中俄应使"一带一盟"对接尽快进入实质性阶段，认真考虑开启中国与欧亚经济联盟自贸区谈判，实质性地推动上海合作组织框架内的区域经济一体化，真正落实相关的合作协议和合作项目，共同应对地区经济和发展问题。在大欧亚进程中，中俄印关系有特别重要的意义。中俄应更有创造性地使用中俄印三边机制，拓宽它的内容范围，增加它的现实政治功能，发挥其作为中俄印三国合作和立场协调平台的作用，缓解中印矛盾和增加信任，加强中俄印三国之间在地区问题上的互动。

俄罗斯对"印太战略"官方表态很少，但学术界有很多讨论，俄罗斯的许多重要研究机构和智库都对"印太战略"进行过探讨。[①]从俄罗斯学术界的反应来看，俄罗斯对"印太战略"有本能的异己感，对美国的"印太战略"总体上持怀疑、警惕和反对态度。这是因为：其一，俄罗斯有较强的地缘政治意识，习惯和善于从地缘政治角度观察国际政治。俄罗斯学术界对大陆板块和海洋板块的竞争理论比较认同，也有这一理论的支持者。从地缘政治的角度，俄罗斯学术界认同"印太战略"是对大欧亚伙伴关系的挑战，并本能地把"印太战略"看作大欧亚伙伴关系的竞争对手。其二，"印太战略"中没有俄罗斯的地位，它对俄罗斯也是封闭的。更重要的是，"印太战略"中的印度、东盟国家也是俄罗斯的大欧亚伙伴关系中的角色，俄罗斯对它们的参与十分重视，把它们作为不可或缺的伙伴国。有俄罗斯学者说，没有印度的参与就没有大欧亚，可见在俄罗

---

① 俄罗斯国际事务委员会、瓦尔代俱乐部、俄罗斯战略研究所、俄罗斯科学院世界经济与国际关系研究所等都对"印太战略"和"四边安全对话"问题进行过讨论。

斯眼里印度对欧亚伙伴关系之重要。① 同样，俄罗斯对东盟国家参与大欧亚伙伴关系也十分重视，并建立了俄罗斯—东盟首脑对话机制。因此，"印太战略"客观上是挖大欧亚伙伴关系的墙脚，如果"印太战略"进展顺利，如果它的吸引力超过大欧亚伙伴关系，则无疑对大欧亚伙伴关系是一种贬低和冲击。此外，俄罗斯学术界认为"印太战略"不利于俄罗斯在亚太地区的发展，并会削弱俄罗斯在亚太的地位。② 不过，也有观点认为印太概念为俄罗斯提供了从远东向东南亚和印度发展的机会，俄罗斯应利用这个机会，推出自己的"印太战略"。③ 俄罗斯舆论界没有对"印太战略"持激烈反对态度，这是因为它认为中国是美国"印太战略"首当其冲的目标，俄罗斯不是矛盾焦点，"印太战略"现在对俄罗斯的影响是间接的，它还没有与大欧亚伙伴关系发生直接冲突。④ "印太战略"主要是中美之争，俄罗斯虽不是旁观者，但不在冲突的最前沿。⑤

在这种情况下，如何与俄罗斯合作是一个重要问题。在印太进程面前，中国应与俄罗斯保持为共同体，作为一个共同的进程应对印太进程，而不是单独作为印太进程的对象。以大欧亚进程为名称也包含这种用意。在分析"印太战略"时，有俄罗斯学者把"印太战略"与"一带一路"相对，也有学者把"印太战略"与"命运共同体"相对，它的含义不言而喻，即把这一问题作为中国与"印太战略"的矛盾，俄罗斯退居其后。客观地说中国确实是"印太战

---

① 这是俄罗斯学者卡拉加诺夫在2017年阿斯塔纳俱乐部年会发言中所说。
② Артём Лукин：Индо-Тихоокеанская стратегия Трампа, 28 Декабря 2017 http：//russiancouncil.ru/blogs/dvfu/33964/.
③ Alexei Kupriyanov, The Indo-Pacific Region and Russia, 14.11.2018. http：//valdaiclub.com/a/highlights/the-indo-pacific-region-and-russia/.
④ Андрей Кортунов, генеральный директор РСМД, Индо-Пацифика, или Сообщество единой судьбы, 14.12.2018. http：//expert.ru/2018/05/28/indo-patsifika-ili-soobschestvo-edinoj-sudbyi/.
⑤ Владимир Петровский, Химеры и реальности 《Индо-Тихоокеанского партнерства》, Международная жизнь, 08.08.2018. https：//interaffairs.ru/news/show/20316.

略"的主要对象,也需承担"印太战略"的主要压力。但在宏观层面,一方面,印太进程与大欧亚进程存在关联,这关乎俄罗斯的利益,而推进大欧亚进程原本也是俄罗斯的利益所在;另一方面,俄罗斯在西方和中国在东方都受到美国战略压制的背景下,从国际战略大局的角度,中俄在大欧亚进程的合作有助于俄罗斯外交的战略机动,有助于缓解俄罗斯整体的战略压力,因而也符合俄罗斯的大战略利益。俄罗斯学界也有这种认识。[1] 而且,俄罗斯即使完全回避"印太战略"的锋芒,这也不会减少美国对俄罗斯的压力,而只会使美国的地位更主动,俄罗斯的地位更被动。因此,对中国和俄罗斯来说,以大欧亚进程共同应对印太进程是合理的战略选择。

五、结语

大欧亚进程和印太进程是当今世界政治发展进程的重要表现。这两个进程覆盖了大半个世界,囊括了除欧洲之外的所有世界大国。它们反映着极为复杂的内容,涉及未来的国际力量结构、大国关系特别是中、俄、美关系,新国际政治和经济秩序的建设,地区经济一体化体系的构建,国际和地区的安全与稳定,以及世界总体的发展方向。因此,对这两个进程以及它们相互关系的变化发展应加以持续的关注。

不管是大欧亚进程还是印太进程都还处于初期阶段,它们的相互关系也还处在复杂和矛盾的形成过程中,它们的状态还未固定也不稳定。对它们的未来前景进行判断是困难的,这是因为它们自身

---

[1] Максим Шитов, Индо-Тихоокеанская стратегия США и связанные с ней угрозы для безопасности КНР, 31.01.2019. http://nvo.ng.ru/concepts/2019-01-31/1_1032_strategy.html.

和它们所处的国际环境都存在着很大的不确定性。这不会是冷战过程的简单重复,没有确定和清楚的坐标可以看到它们的去向,也没有现成的合适概念套用在它们身上。

尽管如此,仍可做出这样的大致判断:大欧亚进程和印太进程可在较长时期保持为两个存在差异和矛盾性特征的平行进程,但它们不会变为类似冷战时期的两大对立体系;它们在政治上难以通洽,但在经济上的联系不可避免;在大国关系缓和的情况下,它们可以相安无事并有合作可能,但在中、俄、美关系恶化和地缘政治竞争加剧的情况下,它们有可能演变为某种"软体系",并形成"软对立"关系。"软体系"和"软对立"作为概念也许还不完善,但暂时也没有更好的概念来形容之。

乌兹别克斯坦在阿富汗问题上的重要作用

赵华胜

阿富汗问题正在进入一个新阶段。虽然战场上的较量依然在进行，军事冲突依然激烈，但宏观地看，阿富汗问题正面临新形势，也就是政治谈判开始的阶段。虽然推动阿富汗政治和解是国际社会多年来的共识，不过各方启动政治和谈进程的希望从来没有像现在这么急切，行动这么多，并且出现了一丝希望。

塔利班也在发生变化，在继续坚持它一贯的谈判条件的同时，它在做法上有所松动，开始愿意与国际社会接触，不再完全拒绝参加一切阿富汗主题国际活动，并开始出现在一些国际会议上。塔利班多哈代表处的代表已经去过俄罗斯、乌兹别克斯坦和中国，也差一点儿回到美国。这也是政治谈判出现一丝希望的原因。不过，目前塔利班还是停留在为政治谈判设立条件的阶段，并没有同意参加与阿富汗政府的谈判。另外，不能确定塔利班的变化是不是实质性的变化，它是否确实准备妥协和通过和解进入阿富汗的政权结构，或是这只是一种计谋和策略，它的目标还是武力夺取全国政权。

美国依然是阿富汗问题最关键的外部角色，但美国有意减少军事存在，减轻政治、财政、安全包袱，同时美国也还没有彻底放弃阿富汗的准备，没打算一走了之。在这种情况下，美国希望谈判达成某种政治安排，在保证阿富汗不会出现大乱的情况下，使美国能体面和顺利地部分脱身。

本地区国家在推动阿富汗政治和解中的作用显著上升，开始实质性分享原来完全由美国主导的地位。由于美国的战略疲惫和撤出，地区国家顺势而起，它们的作用越来越具有实质性，开始越来越多地承担起推动阿富汗政治谈判的重任。

存在着许多活跃程度不同的有关阿富汗问题的国际和地区机制，包括伊斯坦布尔进程，喀布尔进程，上合组织—阿富汗小组，多种多样的双边、三边、四边对话，以及联合国和北约框架内的机制等，这些机制有的功能不同，也有的功能重叠。

美国、俄罗斯、中国都在努力推动阿富汗政治谈判，并且各自有自己的平台。美国与塔利班多哈代表处的谈判已进行了9轮，俄罗斯在2017年和2018年连续举行了两届阿富汗问题国际大会，中国2019年10月也邀请了塔利班到北京。现在首要的问题是如何使塔利班愿意坐到谈判桌前，与阿富汗政府直接谈判。但迄今为止，都还没有走到这一步。

自1979年苏联阿富汗战争以来，阿富汗的战乱已持续近40多年。阿富汗结束内乱、走上和平发展的道路是国际社会特别是本地区各国的共同强烈愿望。但阿富汗问题之复杂，阿富汗重建之艰难，没有任何国家可以单独胜任，只有靠国际社会的共同合作和分担，而本地区国家又有更大的责任。在这个过程中，乌兹别克斯坦可以发挥重要作用。

乌兹别克斯坦是阿富汗的邻国，乌阿共同边界虽不是很长，只有144千米，但对乌兹别克斯坦安全的影响很大。乌兹别克斯坦对阿富汗问题一直十分关注，也一直有在解决阿富汗问题上发挥独特作用的想法。乌兹别克斯坦对阿富汗有深刻的了解，它一直主张阿富汗政治谈判和民族和解，认为军事手段不能解决阿富汗问题。

在2001年阿富汗战争爆发前的时期，依托"6+2"框架，乌兹别克斯坦曾在阿富汗问题上有过出色发挥。所谓"6+2"框架，是指由阿富汗的6个邻国巴基斯坦、中国、塔吉克斯坦、乌兹别克斯坦、土库曼斯坦、伊朗加上俄罗斯和美国组成的"阿富汗邻居和朋友小组"，它是1997年根据俄罗斯的建议在联合国的指导下成立并开展活动。1999年7月，"6+2"小组在塔什干举行副外长会议，乌兹别克斯坦是这次会议的东道主。这次会议的突出亮点是促成了阿富汗交战双方即塔利班和北方联盟参会。为此，乌兹别克斯坦外长卡米洛夫曾亲赴坎大哈与塔利班领导人奥马尔会见，这是塔利班最高领导人第一次与独联体国家高官见面。卡米洛夫邀请塔利班参加"6+2"塔什干会议，但奥马尔当时没有同意。不过最后塔利班还是参加了会议。"6+2"塔什干会议的另一成功是发表了《塔什干宣言》，各方确认了以和平谈判为解决阿富汗问题的原则。"6+2"塔什干会议及其《塔什干宣言》一直是乌兹别克斯坦在阿富汗问题上的政治资本，为乌兹别克斯坦政府津津乐道。

2001年塔利班政权被推翻。2002年3月，"6+2"小组在喀布尔召开非正式会议，重申了对阿富汗和平进程以及对卡尔扎伊领导的阿富汗临时政府的支持。此后，"6+2"小组基本停止了活动。不过，乌兹别克斯坦对"6+2"小组情有独钟，2008年乌兹别克斯坦总统卡里莫夫提出恢复"6+2"小组的活动，并建议将其改为"6+3"小组，即增加北约，以此作为解决阿富汗问题的主要机制。乌兹别克斯坦也把这一提议带到了联合国大会，但这个提议没得到多少响应，"6+2"小组再没有恢复活动。

2016年米尔济约耶夫就任乌兹别克斯坦总统后，乌兹别克斯坦内政外交都出现了较大幅度的调整。乌兹别克斯坦外交的视野更开阔，与大国的关系更平衡，对周边国家更友善，外交目标更务实，风格更积极灵活。与此同时，乌兹别克斯坦也更有地区领导者的意识，有意在地区和国际事务中发挥更大作用。其中，发起召开阿富汗问题国际会议的成功一举使乌兹别克斯坦占据了高点。

2018年3月，乌兹别克斯坦发起的"和平进程、安全合作和地区协作"阿富汗问题国际会议在塔什干召开。召开这次会议是乌兹别克斯坦在地区安全问题上一系列努力的集大成。2017年9月，米尔济约耶夫在联合国大会上阐述了他的地区安全思想。随后，2017年11月乌兹别克斯坦在撒马尔罕举办了"中亚：共同的过去和将来，为了稳定发展和共同繁荣的合作"会议。米尔济约耶夫在会上提出了维护中亚和阿富汗和平稳定的全面纲领。2018年1月，乌兹别克斯坦和阿富汗在联合国组织了塔什干会议的发布会。在塔什干阿富汗问题会议召开前夕，乌兹别克斯坦又组织了中亚国家与阿富汗"5+1"外长会议。

乌兹别克斯坦召开阿富汗问题国际会议的目的是使乌兹别克斯坦成为国际阿富汗问题政治调解过程的积极参加者和组成部分。乌兹别克斯坦不是把塔什干会议作为一次性的活动，而是想以此构建一个得到国际社会承认的机制，并将在它的框架里组织更多的双边和多边活动，在阿富汗问题上产生影响。乌兹别克斯坦认为有关阿富汗问题的国际机制虽多，但国际社会需要有统一的纲领、统一的认识、共同的机制、共同的路线图。塔什干阿富汗问题国际大会就是朝这一方面的努力。乌兹别克斯坦还认为它有独特的条件在阿富汗和平进程中发挥重要作用，因为乌兹别克斯坦与阿富汗同处一块文明土地，有共同历史文化，在阿富汗生活着几百万乌兹别克族阿富汗人，与乌兹别克斯坦有天然的联系，乌兹别克语是阿富汗官方语言之一，阿富汗与乌兹别克斯坦在安全上难以分开，是乌兹别克斯坦的特别关注。另外，乌兹别克斯坦在"6+2"框架中也积累了调解阿富汗冲突的经验，等等。

塔什干会议获得很大成功，这从参会国的数量就看得出来。阿富汗总统加尼亲自与会，参会国家还有中国、法国、德国、印度、伊朗、意大利、日本、哈萨克斯坦、吉尔吉斯斯坦、巴基斯坦、卡塔尔、俄罗斯、沙特、塔吉克斯坦、土耳其、土库曼斯坦、阿联酋、英国、美国；此外，欧盟外交与安全政策高级代表莫盖里尼和联合国代表也参加了会议。可以看出，参会国不仅数量多，而且代表性非常广，它几乎囊括了所有有关国家，包括所有大国、所有中亚国家、欧盟主要国家、西亚和南亚主要国家、土耳其和阿拉伯主要国家等。以单个国家组织的国际阿富汗问题会议有如此之多国家参加，就此而言使乌兹别克斯坦成为阿富汗问题的国际平台的目标已经初步达到，下一步是看乌兹别克斯坦的后续活动。塔什干会议发表了《塔什干宣言》，详细阐述了解决阿富汗问题的基本原则和立场，它的核心是推动阿富汗政府和塔利班无先决条件地进行直接谈判。乌兹别克斯坦对宣言的评价很高，将其称为解决阿富汗问题的"路线图"。宣言也强调了塔什干阿富汗问题国际会议的重要性，认可其为国际社会解决阿富汗问题努力的继续。

相对于中国、美国和俄罗斯，乌兹别克斯坦没有世界大国的地位，但塔什干会议显示，乌兹别克斯坦在阿富汗问题上有相当的能量。而且，它在阿富汗问题上也有自己的独特优势。乌兹别克斯坦有天时地利人和的条件。

乌兹别克斯坦不是大国，它不是大国地缘政治博弈的一方，在阿富汗没有大国的地缘政治利益追求，这在某种意义上变成了有利条件，这使它不招大国反对，也不招大国盟友的反对，还不招阿富汗和其他国家的反对。相反，各大国都愿意支持它，或说不能不支持它，不支持既显得小气，对小国不尊重，又自我孤立于重要的国际平台之外，还影响与乌兹别克斯坦的关系，弊多利少。俄美是大国，在阿富汗问题上虽有合作，但同时明争暗斗，相互掣肘，这限制了它们各自能力的发挥。莫斯科阿富汗国际会议表明了这一点。

乌兹别克斯坦与阿富汗具有天然的联系，在一定意义上也确如米尔济约耶夫所说是天然一体，它与阿富汗的关系更自如和自然，这是中、俄、美所没有的。自阿富汗内战时期开始，乌兹别克斯坦就与塔利班保持着关系。

乌兹别克斯坦一直主张阿富汗各派和解，对塔利班在政治上比较宽容，这使乌兹别克斯坦易于同塔利班打交道。虽然塔利班没有参加塔什干阿富汗问题国际会议，但2018年8月塔利班多哈代表处代表团访问了乌兹别克斯坦。有消息说，乌外交部长和乌阿富汗问题特别代表与塔利班代表团进行了会谈。这表明乌兹别克斯坦与塔利班保持着联系渠道。

乌兹别克斯坦是伊斯兰国家，它与伊朗、土耳其、中东国家的沟通比较容易，较易得到它们的理解和支持。

乌兹别克斯坦看来还通过"5+1"机制也就是中亚5国加阿富汗机制把中亚国家也联合了起来，得到了中亚国家对它的认可和支持。

乌兹别克斯坦也是上海合作组织的重要成员，乌兹别克斯坦在阿富汗问题上的努力也自然会得到上海合作组织的支持。上海合作组的成员国和观察员国中包括了阿富汗6个邻国中的5个，还包括对阿富汗有重要影响的其他一些邻近国家，如俄罗斯、哈萨克斯坦、印度等。同时，阿富汗也是上海合作组织的观察员国。上海合作组织的支持对乌兹别克斯坦也有重要意义。乌兹别克斯坦与欧盟和欧洲国家也保持良好关系，在俄罗斯和乌兹别克斯坦之间，欧盟自然是选择乌兹别克斯坦，这从欧盟外交和安全政策特别代表参加塔什干会议而不参加莫斯科阿富汗国际会议就反映出来。另外，乌兹别克斯坦还总是聪明地把它的活动置于联合国的大旗下，可借用联合国的舞台，并得到联合国的支持。

概而言之，作为阿富汗问题国际平台，乌兹别克斯坦的政治色彩和国家色彩不浓，公共性特点比较强，更能为各方所接受。乌兹别克斯坦虽然不具有大国掌握的资源和能力，但与美国相比，它不是阿富汗战争的一方，不是塔利班的敌人，能为阿富汗各派接受；与俄罗斯相比，它有美国和西方的欢迎和支持；与中国相比，中国还没有公共性平台，中国支持的上合组织—阿富汗小组在公共性上也有一定局限。由此看，乌兹别克斯坦可算是一匹"黑马"，它不能取代大国的地位和作用，但有其特别的作用和功能。

乌兹别克斯坦的另一重要作用是在阿富汗重建领域。由于处于特别的地理位置和拥有交通基础设施的便利条件，乌兹别克斯坦在帮助阿富汗融入区域经济合作和地区交通网络上有不可替代的作用。

第三编
时政评论篇

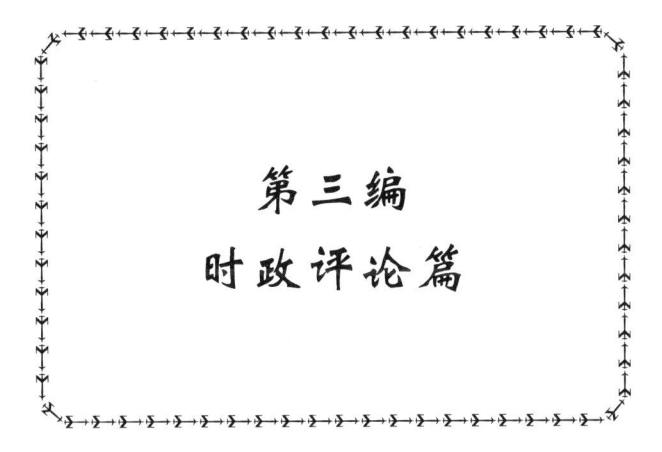

面对乱局：俄罗斯重回现实主义*

冯玉军

刚刚过去的 2018 年，是第一次世界大战结束百年，也是 2008 年国际金融危机十周年。尽管世人都在反思过往的浩劫与混乱，但现实世界并未变得更加有序和安宁。世界范围的大变动、大分化、大改组、大调整仍在持续。

2018 年 5 月，普京重回克里姆林宫，开启了其第四个总统任期并将执政到 2024 年，其执政思路也基本实现了"现实主义回归"。事实上，在 21 世纪初普京执政的最初几年，现实主义曾是其治国理政的主基调。但随着国际油价攀升推动经济快速增长和国力相对恢复，俄罗斯内政外交进入了一个较为"激进"的时期。特别是 2008 年前后，"美国已经衰落""多极化已成现实""俄罗斯可以有所作为"等判断一度主导了俄罗斯的国际战略观。2007 年普京"慕尼黑讲话"、2008 年俄格战争、2014 年克里米亚危机成为俄罗斯"强势外交"的集中体现。

但随之而来的西方制裁以及国际油价断崖式跳水使俄经济发展严重受阻，国际环境迅速恶化。在严峻的现实面前，俄罗斯不得不重新审视国际环境，调整国际战略和内外政策，逐渐回归理性务实

---

* 本文原发表于《中国战略观察》2019 年第 2 期。

的现实主义。

一、国内事务重于外交

大变局下，家家有本难念的经，内政与经济的重要性较之于外交进一步凸显。尽管普京在2018年3月进行的总统大选中以76%的高票成功实现连任，但其连任后推行的延迟退休、增税等举措在社会上引起了比较激烈的反弹。俄罗斯几十个城市中出现了游行示威，民众对普京的工作满意度大幅回落，从2019年最高时的82%，下降到低点时的60%。对其信任度也从年初的58.9%跌到11月初的36.5%。[1] 在2019年秋季进行的俄罗斯地方选举中，政权党——统一俄罗斯党遭受重挫，反对派趁势扩大了在一些地方的影响力。

乱局之下，普京也意识到内部稳定比外部扩展更为重要，因此把更多资源和精力放在改善国内治理、保持经济稳定和维持民生需求，而非扩张国际影响上。2018年12月9日，普京在统一俄罗斯党代表大会上表示，"整个世界处于转型期，一个变化剧烈而且相当迅速的转型阶段。如果我们不能及时找到方向，不能及时搞清楚该做什么和怎么做——那我们将永远落后"。[2] 他强调，统一俄罗斯党不仅要有能力做出负责任的决定，还要"解释这些决定，然后参加选举并使选民相信此前所做的决定是正确的"[3]。当前，俄罗斯政府经济工作的一个核心任务就是维持通胀的相对稳定，避免民众本已微

---

[1] Рейтинги доверия политикам, одобрения работы государственных институтов, рейтинги партий. https://wciom.ru/index.php?id=236&uid=9432.

[2] Стенограмма выступления Владимира Путина на XVIII Съезде《Единой России》. https://ryazan.er.ru/news/2018/12/8/stenogramma-vystupleniya-vladimira-putina-na-xviii-sezde-edinoj-rossii/.

[3] Там же.

薄的工资和退休金遭受通货膨胀的蚕食鲸吞从而引发社会动荡。①2018年，俄通货膨胀水平温和，新增就业同比增加1.6%，失业率保持在4.7%的较低水平。尽管延迟退休改革引来了民众的广泛不满，但普京亲自出面干预微调，再次调动了俄罗斯民众"好沙皇、坏大臣"的传统政治心理，保持了国内政局的总体稳定。

尽管从2018年开始，俄罗斯经济摆脱衰退，进入增长区间。但由于诸多结构性因素制约，增长乏力。不久前，普京签署俄罗斯联邦2019年到2021年三年期预算，设定未来三年GDP年增长率分别为1.3%、2%、3.1%。尽管这是克里米亚危机以来俄第一个财政盈余预算，但不能不看到，俄经济增速仍低于世界经济平均增速，这意味着普京竞选时所做的"到2024年俄罗斯进入世界经济前五强"的许诺无法兑现。更为重要的是，在世界新能源革命、新工业革命蓬勃发展的背景下，俄罗斯经济主要还是依靠油气、军火和粮食出口支撑，经济结构短期无法改变。

在这种情况下，俄罗斯政府也只能迫于现实，在世界经济体系中尽全力为本国谋取最大利益。可以看到，俄罗斯利用一切可能机会，甚至通过助推地缘政治紧张来维持和抬高油价。尽管俄罗斯与沙特在叙利亚问题上势不两立，但两国仍可以在"欧佩克+"的框架下就限产保价开展合作；而俄罗斯同伊朗在叙利亚的合作、俄在"伊核问题"上对伊朗的支持不仅仅是出于政治理念与国际道义，更有借美伊对抗甚至美国禁止伊朗出口原油从而推升油价的考虑。与此同时，俄罗斯还在借助日益紧张的国际局势和地区冲突积极推销军火，2018年对外军售额达到450亿美元，赚得盆满钵满。此外，俄还在加紧利用自身优势，在世界各地推销核电站和粮食。

---

① 俄罗斯《独立报》10月初发布的统计结果显示，俄罗斯一半居民的月工资低于2.6万卢布（约合2800元人民币）。Половина работников в стране получают меньше 30 тысяч рублей в месяц. http://www.ng.ru/economics/2018-10-04/4_7325_zarplata.html。

在俄罗斯的综合国力构成中,军事实力依然占据了最大的比重。尽管如今俄罗斯军费开支与美国不可同日而语,已无力和美进行全方位军备竞赛,但俄仍在竭力加强自身军力建设,试图保持对美国的关键性遏制,与美保持"不对称平衡"。当前,尽管经济非常困难,但俄还是加大了军事建设的力度,维持了较高比例的军费开支,推进了一系列新式武器的研发和部署,例如"萨尔马特"洲际战略导弹、苏-57战斗机、超高音速导弹等。

二、外交趋于理性,力争"熬过寒冬"

在"强势外交"遇阻后,普京已清楚地认识到,俄美之间的实力差距是巨大的,俄无力与美全面争锋。因此,俄罗斯在对美关系上逐渐回归理性务实,在做最坏打算的同时谋求缓和。不论美国对俄如何加大制裁,但俄始终没有放弃改善对美关系的渴望,某种程度上甚至可以说,改善对美关系、缓解西方制裁和围堵是俄外交的第一要务。俄罗斯官方人士包括外交部发言人在每一次批驳美欧对俄制裁的时候,最后都会强调,"我们愿意改善对美关系,改善对美关系的大门始终是敞开的"。普京总统也多次强调,"俄罗斯无意与美国为敌,希望与美国恢复相互尊重的关系"。与此同时,俄罗斯也明白俄美结构性矛盾无法迅速消除,并为此做了最坏打算。近来,俄罗斯在加快抛售美国国债的同时增持黄金,俄一些油气公司也要求外国客户修改合同并以欧元取代美元结算油气交易。这一切,都是为了防止在美国把俄踢出SWIFT的情况下遭受致命打击。

在不指望俄美关系迅速好转的同时,普京也在竭尽全力修复俄美关系,以尽可能争取"喘息"机会,以静待变,"熬过寒冬"。因此,在乌克兰问题上,俄放低身段,在不归还克里米亚的前提下,在"乌东冲突"问题上加强与明斯克小组的配合,试图通过与德、法的合作缓解西方对俄压力;在叙利亚问题上,俄在主导阿斯塔纳进程、索契进程的同时,也搭建了法、德参加的叙利亚问题解决框架。更重要的是,普京利用一切机会,谋求恢复与美国的直接对话,防止俄美关系不受控制的"自由落体"。除2018年7月与特朗普的赫尔辛基会晤外,他还想方设法利用纪念"一战"结束100周年、G20等多边场合与特朗普交流。虽未如愿,但热情不减。此外,俄美两国也在积极筹备2019年春天普京的访美事宜。

当然,俄罗斯在对西方关系方面并未一味退让。在谋求缓和与西方关系的同时,俄也在软硬兼施,试图利用"北流-2"天然气管道项目、美国退出"伊核协议"问题、俄日北方四岛谈判、美欧矛盾以及西方国家内部政治及社会问题,分化美欧、分化北约、分化欧洲、分化美日、分化西方的社会。俄罗斯的"组合拳"一定程度上确实使欧盟与美国在伊朗石油禁运、使德国与美国在"北流-2"天然气管道建设问题上出现一些间隙,使日本并未实质参与西方对俄制裁,也使一些西方国家的保守主义势力如法国的勒庞、匈牙利的欧尔班、奥地利的库尔茨等与俄惺惺相惜。

在力争与西方关系不出现"急剧降温"的同时,俄罗斯也在加大"向东转"力度,积极强化同中国、日本、印度等国合作。对日方面,俄利用北方领土问题调动日本,一面打破西方围堵,一面获取经济实惠;对印方面,双方加强了政治、经济与外交全方位合作,俄对印出售"S-400"采用了卢布结算的避险方式;在多边层面,俄罗斯也比以往更积极地参与东亚的一系列多边机制,包括东亚峰会、APEC峰会等,积极推介普京提出的"大欧亚伙伴关系"倡议。俄罗斯—东盟峰会召开,双方关系从对话伙伴升格为战略伙伴,俄罗斯同新加坡、越南等东盟国家关系进一步深化。

当然,在东方外交方面,俄罗斯收获最大的还是来自中国:政治领域，两国互动频繁，俄借此在大国关系中避免了过度的"孤独感"；在经济领域，两国贸易额迅速恢复，2018年中俄双边贸易额达到1070.6亿美元，首次超过1000亿美元，创历史新高，增幅达到27.1%。中俄贸易增速在中国主要贸易伙伴中位列第一，中国继续保持俄罗斯第一大贸易伙伴国的地位。双方已正式签署《中国与欧经济联盟经贸合作协议》，顺利完成欧亚经济伙伴关系协定联合可行性研究；在能源领域，自2016年开始，俄罗斯已经连续三年稳坐"中国原油第一大进口来源国"交椅。2018年全年，中国从俄罗斯进口原油7149万吨或143万桶/日，较2017年上升19.7%。自俄进口原油已经占到中国原油进口总量的15.5%。与此同时，中俄东线天然气管道加紧建设、西线天然气管道加紧谈判。中国企业参与的"亚马尔LNG"项目一至三期运营投产。首船亚马尔LNG已于2019年运抵中国，双方还在商谈北极LNG二号项目。在国际能源市场转向"买方市场"之际，俄获得了一个庞大而稳定的销售市场；在投资领域，中国对俄投资逆势而上，为俄提供了西方之外的重要资金来源。

但同时不能不看到，中国从中俄关系中未必能获得对称的预期收益：战略上，对俄关系的热络似乎并未减轻来自美国的压力，甚至有可能恶化美国对华战略认知；经济上，即使中俄贸易额达到2000亿美元，俄也无法替代美国在市场、投资、技术、知识、管理和社会治理等方面之于中国的价值。国际大变局下，俄罗斯正在重回现实主义，而中俄关系也进入了重要的转型期，双方国力对比的不对称性、战略运筹的不对等性以及成本收益的不平衡性值得引起高度关注。

理解复杂世界需要复合性思维*

冯玉军

当今世界,最大的特征就是"变"。变得速度加快、变得幅度增强、变得方向调整、变得更加复杂而难以捉摸。但无论世界变得如何复杂,人类的理性需要理解之,国家的决策需要理解之。因此,就出现了两个相互关联的问题:一是要清楚今天的世界究竟发生了怎样的变化;二是要调整我们的认知框架,用复合性思维来观察、理解、认知日益复杂的世界。

当代国际关系的首要变化在于议事日程更趋复杂。与威斯特伐利亚体系、凡尔赛—华盛顿体系、雅尔塔体系下地缘政治、大国关系主导国际关系不同,当代国际关系的内容极大丰富了,金融安全、气候变化、全球治理、人文互动都成为国际关系的重要构成要素,而且这些要素本身及其相互关系都是多向度、多维度甚至是相反相成的:全球化既带来了世界经济、全球福利的普遍增长,同时也带来了不同国家、不同社群之间的贫富差距进一步拉大,利益诉求进一步分化,进而导致了全球性的保守主义和民粹主义回潮;在全球性挑战更加突出、推进各领域全球治理的必要性日益凸显之际,"二战"后形成的国际规制却已无法有效治理全球性难题。但与此同时,

---

* 本文原发表于《世界知识》2019 年第 1 期。

构建全球治理新规则、新机制的努力却远未达成共识；全球化条件下，各国之间的相互依赖毫无疑问地深化了，但这种相互依赖往往是不平衡的，收益是不对称的。以往，人们更强调了相互依赖；而当下，这种相互依赖和收益的不平衡性却成为国际社会矛盾与冲突的诱因。

第二个变化在于国际关系行为主体更加多元。自冷战结束以来，民族国家在国际体系中的地位与作用相对下降，而国际组织、跨国公司、宗教派别、利益集团、部族团体甚至个人等非国家行为体都在对国际事务发挥着日益重要的影响。在这种情况下，不能把国际事务再视为"小薄饼"，而是要看作"多层蛋糕"。要在多层次上来观察当代国际关系体系，国际层面、国家层面、集团层面、个人层面的诸现象都需要深入剖析。

第三个变化在于国际关系的运行方式更加复杂。一方面，随着网络技术特别是社交媒体的广泛运用，国际信息空间既高度趋同、即时，又高度混乱、鱼龙混杂，各种"假消息""假新闻"满天飞，"可控混乱"与"混合战争"也大行其道；另一方面，在大规模战争风险下降的同时，各种制裁战、金融战、宣传战、心理战、情报战以及多形式、新形态的地区冲突却甚嚣尘上。

认识复杂世界需要复合性思维。这种复合性思维必然不同于传统的线性思维，简单地认为世界发展只有一种可能、一种方式、一条轨道。要摆脱"牛顿力学"的思维定式，理解相对论有关"时空是统一而不可分割的整体，它们之间是此消彼长的关系"这一命题在国际关系中的流变，充分认识到世界不是线性发展的，而是复杂的"多元多次方程"。世界是多彩多姿的，要把当代国际关系放在多棱镜而非老花镜、近视镜和有色眼镜下细心观察，唯如此，才能看到其七色光谱和斑斓底色。世界是混沌的，不是非黑即白、不是非好即坏，不能用冷战时期的"阵营思维"来处理对外关系，"一条线、一大片"式的写意手法已经无法适应当今需要"精细化"计算的战略需求。

这种复合性思维必然是开放的体系，不仅需要从自身经验和判断出发，更要善于倾听他者的声音；不仅要关注当下，更要关注历史与未来；不能仅仅就事论事，就政治谈政治、就经济谈经济，而是要看到政治、经济、安全、文化等不同要素之间的复杂关系与多频互动；不仅不能把国内与国外相互割裂，而是要深刻认识到内外两个大局的深度互动，甚至两个大局浑然一体，难以区分。

这种复合性思维应该是基于历史发展、世界比较以及中国利益三维坐标的立体化体系。理解复杂世界，必须正确处理好理论和历史的关系。很多人拿着抽象的理论套现实，而没有将当今世界放在历史长河中来考察，这是万万要不得的。我们不能完全不要理论，但在理论和历史之间，可能历史镜鉴要比抽象的理论更加重要；理解复杂世界，一定要看清人类文明发展大势，唯其如此，才能在世界体系的坐标中找准我者与他者的真正位置；更重要的一点是，对于中国来说，任何时候都要清醒地认识到，我们理解复杂世界的根本出发点是维护和扩展中国的国家利益。否则，我们的研究就可能找不到方向，甚至可能会走入歧途。在国际形势乱云飞渡的当下，实现从理想主义和浪漫主义向理性现实主义的回归，有着特别重要的意义。

走出国际问题研究的思维误区*

冯玉军

大千世界的变化是快速、复杂、深刻的，而人类的认知过程与思维方式受到诸多因素的限制，因此人类对客观世界的认知永远是一个不断趋近于真理的动态过程。在这一过程中，如何突破狭隘、僵化、陈旧思维方式的束缚，更全面、准确地把握世界变化的脉动，是从事国际问题研究，也是做出正确战略决策的重要前提。

把握世界脉动，要突破僵化教条的思维误区，避免刻舟求剑，力求明察秋毫、见微知著。世界发展唯一不变的规律就是"变"，世界时刻在变，常变常新，人类认知相对于世界变化总是具有一定的滞后性。然而，风起于青萍之末，任何重大的战略变化都会有初始的细微征兆。要突破滞后性，就要增强敏感性与洞察力。

2008年国际金融危机以来，人们看到了美国在金融危机中所受到的重创，看到了美国的政治极化和社会分化，看到了前所未有的"特朗普现象"和"美国退群"，据此得出了"美国已经衰落"的结论。但很多人没有关注或者有意忽视了另外的信息——美国在受到重创之后，正在积极进行自我修复。当下，"页岩革命"使美国已经超越沙特和俄罗斯成为世界第一大油气生产国，不仅实现了"能源

---

* 本文原发表于《世界知识》2019年第3期。

独立",而且正积极谋求扩大油气出口,其对国际油气市场和能源地缘政治带来的冲击将是历史性的;大规模减税以及相关产业政策促使国际资本和高端制造业回流,美国所拥有的科技优势依然巨大;尽管美国战略界不断渲染中俄军力扩展对其构成的挑战,但美国在核武器现代化、反导防御、高超音速武器、网络战、人工智能军事化等重要领域依然占据潮头,7000多亿美元的军费开支更是令任何对手都无法与其比肩。这一切都意味着"美国衰落论"言之过早。未来一个时期,我们可能看到美国综合国力的强力反弹,也可以预见到美国霸权行为的强势回归。

世界变化的本身异常复杂,更何况今日为达成特定目的的宣传战、心理战此起彼伏,各种障眼法、迷魂阵不一而足,经常导致"眼见并非为实"。因此,把握世界脉动,要突破简单化的思维误区,避免人云亦云,力求由此及彼、由表及里。近来,有关"美元资产在俄罗斯国际储备中的份额急剧下降,2018年3月至6月之间短短三个月内从43.7%降至21.9%。而欧元所占份额增至32%,人民币所占份额从0.1%增至14.7%"的报道引起了不少人过于政治化的解读,他们认为这是世界"去美元化"的又一证明,表明美元的国际地位在进一步衰落。但如果对比美俄两国的金融实力以及近年来双方的金融博弈,就不得不得出截然相反的结论:这不是信心满满的"去美元化",而是迫不得已的"避险措施"。其真实的含义在于,在受到美国强力金融制裁且担心被踢出"环球同业银行金融电讯协会"(SWIFT)背景下,俄罗斯不得不尽量减少外汇储备中的美元资产,以防遭受更大损失。更何况,当时美联储的加息政策日益明朗,这意味着包括美国政府债券在内的债券价格势将缩水。在此情况下,俄抛售美元债券完全是一种理性的"经济行为"。

把握世界脉动,要突破孤立、静止、片面的机构唯物论思维误区,走出非黑即白、非好即坏、非敌即友的"二元论"陷阱,以复合性思维观察世界，用多元平衡手段处理外交。在国际议事日程日益复杂、多重博弈趋于紧张的现实面前，不选边站队、搞多元平衡成为绝大多数国家的务实外交选择：普京改变了"美国已经衰落""多极化已成现实"等战略判断，开始回归实用主义，一面挖空心思改善与西方关系，一面加速东转以从中、日、印获取实际好处；强人埃尔多安在重重危机面前，不得不委曲求全，主动调整对美欧关系；沙特、哈萨克斯坦等国家也都在纵横捭阖，推进多元平衡外交。

把握世界脉动，要走出"阴谋论"思维误区，以扎实深入的研究把握国际大势背后的真相与规律。"阴谋论"的认识论基础是"不可知论"，反映的是其鼓噪者的懒惰和无能。2014年国际油价断崖式下跌，不少人断言这是美国和沙特联手打压俄罗斯的地缘政治阴谋。但实际上，这是美国"页岩革命"导致的后果：随着美国非常规油气的大规模开发，国际油气市场出现供过于求的局面，传统油气出口国沙特、俄罗斯起初为争夺市场份额竞相压价销售，继而又为避免恶性竞争而联手"限产保价"。这才有了以前无法想象的"欧佩克+"，才有了在叙利亚问题上立场相左的普京与萨勒曼在2018年G20阿根廷峰会上击掌相庆的离奇场面。

"众里寻他千百度，蓦然回首，那人却在，灯火阑珊处。"这是王国维先生所谓治学之最高境界。悬思、苦索后的顿悟，来源于走出思维误区，来源于常识、逻辑与思索。国学如此，国际问题研究亦然。

摆脱国际问题研究中的"伪命题"*

冯玉军

大千世界纷繁复杂，人类对自然与社会的认知经常会出现盲人摸象、刻舟求剑、杯弓蛇影、只见树木不见森林等谬误和偏差。国际关系中的各种现象纵横交错，国际问题研究也经常被不同类型的"伪命题"所困扰。

作为哲学和逻辑学概念，"伪命题"有其自身的界定。维特根斯坦继承了贝克莱、休谟的经验主义学说，将所判断的内容不属于"真实世界"的命题，如形而上学命题、神学命题、伦理学命题以及美学命题甚至逻辑学、数学、自然科学中的推演部分所涉及的命题定义为"无意义命题"。维也纳学派的重要成员艾耶尔将命题分为真命题（genuine proposition）和伪命题（pseudo proposition）。真命题包括永真性由逻辑来保证的先天分析命题和对事实进行陈述的后天综合命题，伪命题则对应着维特根斯坦的"无意义命题"。逻辑实证主义对于真伪命题的划分标准是证实原则，而可证实性可分为实践的可证实性和原则的可证实性。波普尔等理性批判主义者又提出科学和非科学划分的证伪原则，认为非科学的本质不在于其正确与否，而在于其不可证伪性。证伪主义应采用试错法，试错法对理论的修

---

* 本文原发表于《世界知识》2019年第5期。

改和完善是没有止境的，试错法的结果只能是一个较好的假说，但不是最好的假说。最好的假说是终极真理的代名词，与科学精神相悖。

与作为严谨的专业哲学术语既有联系也有区别，今天我们所说的"伪命题"通常是指不真实的命题，既指该命题不符合客观事实和科学道理，也指无法断定其真假，既非先天分析命题，也非后天综合命题的"无意义命题"。实际上，它包含了无实质意义的伪概念、不成立的伪问题和无法证实或证伪的伪陈述等多种含义。

时至今日，在国际问题研究领域仍然流传着形形色色的"伪命题"，道听途说、以讹传讹，不仅干扰学术研究、耽误学生获取知识、影响民众理解世界，甚至误导国家决策。

在诸多国际关系"伪命题"中，最不靠谱的就是一些耳熟能详的地缘政治理论了。比如，麦金德有关"谁统治了东欧，谁就统治了欧亚大陆腹地；谁统治了欧亚大陆腹地，谁就统治了世界岛；谁统治了世界岛，谁就统治世界"的论断不仅被诸多学者所引用，甚至被一些国家作为制定对外政策的理论支撑。大英帝国和沙皇俄国曾为争夺"世界岛"展开了惊心动魄的"大博弈"，德国地缘政治学家豪斯霍费尔也推出了控制"世界岛"计划，并被纳粹德国奉为发动侵略战争的圭臬。即使在当下，当涉及有关阿富汗、中亚、中东事务以及俄美关系问题时，也经常听到一些学者言必引这一地缘政治学说的"金科玉律"。然而，麦金德的三段论推理本身就是一个包含伪概念的巨大逻辑陷阱：究竟哪里是"世界岛"、谁能清晰确定它的范围？谁、怎样、何时可以占据"世界岛"？如何才能证实或者证伪"统治了世界岛就可以统治世界"？这一切，都是一笔糊涂账。

较之地缘政治理论的明显缺陷，石油峰值论和增长极限论由于放大了对环境问题的关注而备受推崇，但实际上其理论假设也大有可以推敲之处。石油峰值论源于20世纪50年代美国著名石油地质学家哈伯特发现的矿物资源"钟形曲线"规律。他认为，作为不可再生资源，任何地区的石油产量都会达到最高点，石油峰值是指某一区域（全球、地区、国家、油区等）石油产量的最大值及其来临的时间，达到峰值后该地区的石油产量将不可避免地开始下降。罗马俱乐部于1972年发布的《增长的极限》报告断言，由于石油等自然资源的供给是有限的，因而经济增长不可能无限持续下去。这两种理论假设带有浓厚的消极悲观色彩，是"未来学悲观派"的典型代表。如果按照他们的假设，人类真的应该尽早制订"流浪地球"计划了。这两种假设的理论及社会价值在于关注了特定资源的总体有限性，并提出了通过对全球性问题的系统研究，提高公众全球意识，改善全球治理从而使人类摆脱所面临困境的必要性。但其缺陷在于忽视了自然资源的无限可能性和人类推动技术进步的主观能动性。一方面，技术进步使人类开发利用石油资源的可能性不断提升，近年来"页岩革命"所带来的世界能源市场剧变即是明证，没有人能够预测"石油峰值"何时到来；另一方面，技术进步使人类不断掌握利用非常规碳氢化合物（如可燃冰）、太阳能、风能、氢能的能力，从理论上讲，人类拥有利用自然资源的无限可能，除非海枯石烂、太阳爆炸。

近年来经常被一些战略界人士提及的"马六甲困局"实际上也是明显的"伪命题"。这一推断认为，马六甲海峡是中国能源供应的"海上生命线"，但中国海军鞭长莫及。一旦出现意外，将给中国的能源安全造成极大威胁，"谁控制了马六甲海峡和印度洋，谁就能随时切断中国的能源命脉"。基于这种认识，数条陆上石油管道得以修建或者提上议事日程。推进能源进口多元化是一项明智的决策，但如果以"马六甲困局"作为决策前提，却实在是让人啼笑皆非：一则如果有大国想切断中东对中国的石油供应，在波斯湾下手会更直接有效；二则精确制导导弹破坏固定而漫长的陆上油气管道非常容易，战争时期他国可以选择任意一点动手使陆上油气管线陷于瘫痪；三则绝大多数通向中国的陆上油气管道都经过高风险地区，中国能源供应面临的非传统安全威胁不降反升；最后，如果真要发生战争，肯定将实施战时经济状态，能源供需将是另一番完全不同的场景，哪里还可以有私家车可开？

  国际关系领域的"伪命题"得以存在和流传有诸多复杂的原因：一是简单的"一元化"思维，过度强调单一因素在事物发展中的决定性作用，而忽视了多种因素合力的影响。石油峰值论的缺陷就在于只关注了资源的有限性而忽视了技术进步的无限性和能源利用的多样性。二是不合理地使用连串的因果关系以得出某种意欲之结论，犯了将"可能性"转化为"必然性"的逻辑错误。麦金德的"世界岛"理论和"如果你偷懒，就会令公司受损；公司受损，就要解雇员工；遭解雇的人因失去收入，就会打劫；打劫时遇到反抗，就会杀人。所以如果你偷懒，你就是杀人犯"之类的"滑坡谬误"如出一辙。三是由于某种思维定式的制约。"马六甲困局"之所以流传甚广，很大程度上是由于中国是传统陆权国家而历史上又遭受过西方国家禁运和封锁造成的。在这种情况下，"战争逻辑"常常压制了"市场逻辑"，对能源供应被切断的担忧让我们忽略了中国的庞大市场本身也是一种重要的"能源权力"，在中国需要油气进口的同时，能源生产国也迫切需要中国的能源市场份额。

  大变局下，摆脱国际关系"伪命题"对于中国至关重要，只有以立体多元的视野、开放包容的胸襟看待自己、观察世界，才能真正把握世界脉动，做出正确的战略决策。

"被迫"退出《中导条约》：俄罗斯的小心思*

冯玉军

近期，随着美国宣布暂停履行《中导条约》，俄罗斯也采取了同样措施。半年后，签署于1987年的《中导条约》不可避免地会被废止，美苏冷战时期构建的国际军控体系将进一步加速崩塌。尽管在与美国就"废约"进行的外交战与宣传战中，俄罗斯戏份十足、一脸无辜，但其退约并非如公开宣称的那样是"被迫之举"，而是补齐军力短板以应对不同安全威胁、追赶世界新军事革命浪潮以保持与美不对称战略平衡，并为将其他不受美苏双边条约限制的世界及地区军事强国纳入未来国际多边军控体系的一石多鸟之举。

受《中导条约》限制，俄美两国均不能研发和部署射程在500—5500千米的陆基弹道导弹和巡航导弹，这极大限制了俄罗斯的现实军事斗争能力。如果说这一弱点在俄格战争、克里米亚危机、乌克兰东部冲突中尚不明显的话，在叙利亚战争中则显露无遗。由于远离本土作战，俄罗斯不得不从里海发射海基"口径"导弹或以战略轰炸机发射空基"口径"导弹打击叙利亚境内目标，成本陡升且效果一般。俄新版《军事学说》判定俄未来所面临的安全威胁来

---

* 本文原发表于《世界知识》2019年第7期。

自多个方面，因此俄决策层认为必须着眼未来对外军事行动需求，补齐自身军力短板，通过研发、部署陆基中程和中短程导弹以实现不同作战目标：首先，鉴于俄罗斯与美国及北约海空力量对比日益拉大、美国及其盟友的反导体系不断完善，俄不能只以海基和空基导弹与其抗衡，必须利用横跨欧亚大陆的战略纵深，以高超音速中程导弹实现对敌攻击；其次，鉴于未来"后苏联空间"可能再次发生类似俄格战争、乌克兰危机的地区战争和热点冲突，俄必须拥有更加灵活多样的军事手段选择，而中程导弹是最为经济高效的武器；最后，俄罗斯周边的朝鲜、中国、伊朗、印度、巴基斯坦等国都在积极发展中程导弹。尽管目前俄罗斯与这些国家关系良好，但世界上没有永恒的朋友，俄罗斯必须未雨绸缪，提早应对。

近年来，随着国际安全环境日益复杂和新技术广泛运用，一场涉及核武器现代化、反导防御系统、高超音速武器、网络战、太空战、人工智能军事化运用等诸多领域的新军事革命正在迅速推进。美国一马当先，特朗普一改奥巴马压缩军费的做法，以每年7000多亿美元的军费开支谋求占据新军事革命至高点，并逼迫北约及亚太盟友进一步增加国防开支以分摊成本。在美国军费开支十倍于俄罗斯的情况下，俄罗斯必须积极应对世界新军事革命浪潮，努力实现"弯道超车"，与美寻求非对称战略平衡并保持对其他军事大国的相对优势。目前，俄力求着力在以下方面实现突破：核武库现代化。部署"萨尔马特"新型洲际导弹，可携带最多10个重型核战斗部或者数量更多的高超音速战斗部，主动飞行段较短，使得反导系统难以拦截；部署多款高超音速武器。"先锋"高超音速滑翔弹头最大飞行速度20马赫，采用乘波体构型，可空中机动。目前已实现量产，首个先锋高超音速导弹团将于2019年12月正式加入战斗值班序列。"匕首"高超音速空地导弹射程超过2000千米，最高速度可达10马赫，已在俄南部军区试验性列装。俄退出《中导条约》后，准备对空基"匕首"导弹进行改进以发展陆基高超音速中程导弹。"锆石"高超音速导弹最大速度9马赫，射程超过1000千米，兼容俱乐部垂直发射系统，既可反舰也可以攻陆。从2015年至今已完成5次试射，在2019年进行"弹舰结合"国家联合验收测试。可以列装"锆石"导弹的平台包括潜艇、水面舰艇，包括已经采用俱乐部垂发系统的在役舰艇或在建舰艇，下限吨位是不到1000吨的导弹艇，非常灵活。研制"海燕"核动力巡航导弹。2019年1月成功完成小型核动力测试，确认了核反应堆的技术特性，能够确保巡航导弹的无限航程。研发"波塞冬"核动力无人潜航器，能够携带200万吨当量的核战斗部，可摧毁敌方战略基础设施、航空母舰编队等重要目标。无人潜航器及其搭载平台核潜艇可组成海洋多用途系统，无人潜航器已成功完成海洋靶场测试，目前母艇的开发制造工作进展顺利，2019年春季下水后即可进行载艇结合测试。部署激光武器系统。"佩列斯韦特"车载激光武器系统已于2017年列装俄军，目前具有击落无人机的能力。未来随着功率加大，不仅能摧毁地面设施、防空反导，还可反卫星。

近年来，俄已实际部署多个9M-729导弹团，事实上突破了《中导条约》限制。但俄只做不说，目的就是迫使美国首先退出以将"毁约"责任推给美国，从而获得可随时批评美国的"道义至高点"。与此同时，由于技术的扩散，目前很多国家都拥有中程导弹。在此情况下，美俄相继退约，既为了加紧填补安全漏洞，重新获取陆基中程导弹优势；又试图通过一个时期的中程导弹军备竞赛，对相关各方形成竞争压力，为未来缔结多边中导条约以对各方都形成约束创造条件。俄高层战略人士公开表示，"如果所有拥有此类武器的国家都加入，莫斯科欢迎就中程和中短程导弹问题达成新的全面协议"，并称这将是一个"理想情景"。

中国应为即将到来的国际军控新谈判未雨绸缪*

冯玉军

1919年4月初,在北约成立70周年纪念活动以及接见中国副总理刘鹤的新闻发布会上,美国总统特朗普接连表示,他有兴趣与中国和俄罗斯达成一项新的军备控制协议,以减少数以万亿"荒谬"的军费开支,"把钱花在那些可能更有利于长期和平的事情上"。此言一出,绝大多数人将其视为笑谈,甚至认为这是特朗普为谋取诺贝尔和平奖祭出的又一剂"猛药"。难道,不正是特朗普上台后,美国的军费开支才改变了奥巴马时期递减的势头而迅速攀升的吗?难道,不正是特朗普强力施压北约成员提高军费开支,要求盟友向美国交纳"保护费"的吗?

的确,乍看起来,特朗普的表态让人匪夷所思。但透过迷雾,我们可以看到在冷战时期建立的国际军控体系加速崩塌、大国竞逐世界新军事革命、不对称军备竞赛愈演愈烈、美国在军事领域的绝对优势面临挑战的背景下,美国有可能正试图一面强化自身军力建设、避免被其他大国"弯道超车",一面推动新一轮军备控制与裁军谈判、重塑国际安全体系并主导国际军控新规则的制定。

---

* 本文原发表于《世界知识》2019年第9期。

近年来，随着新技术的广泛运用和国际安全形势的变化，一场全球性的新军事革命正悄然到来并呈现出全方位、跨越式的特征，有可能重塑未来战争形态和国际安全格局。着眼未来，世界主要大国加紧开发新型军事技术和军事装备，加速推进核力量的现代化、加紧研发部署反导防御系统、争相研发高超音速武器、不断提升网络战能力、大力推动人工智能的军事化应用，一场新型军备竞赛隐然若现，国际安全体系面临空前挑战。

第一，既有裁军和军控体系加速崩塌。随着新技术、新武器、新作战理念的迅速发展，大多签署于冷战时期的美俄双边裁军与军控协议，如"反导条约""中导条约"以及核军控条约要么被撕毁，要么名存实亡，要么行将失效。

第二，全球军事支出持续走高，新一轮军备竞赛悄然浮现。瑞典斯德哥尔摩国际和平研究所（SIPRI）评估，2016年全球军事支出1.686万亿美元，同比增长0.4%。2017年这一数字升至1.739万亿美元，同比增长1.1%。世界主要大国在发展军备方面不惜重金。

第三，全球反恐进入间歇期，大国战略竞争回潮。随着"伊斯兰国"溃败，大国纷纷调整战略，重把大国竞争摆到重要位置。美国新版《国家安全战略》报告称"国家间战略竞争，而非恐怖主义，现已成为美国国家安全的首要忧患"。俄罗斯新版《国家安全战略》《军事学说》也强调国家间竞争日趋激烈，"武力因素在国际关系中的地位并未下降"。

第四，国际热点有增无减，"混合战争"日益成为大国争夺的新形式。随着军事科技、军事理论的发展及全球化的深入，大国越来越多地通过代理人战争、网络战、信息战、情报战、舆论战、心理战、贸易战、制裁战等手段展开充分竞争，从而产生一种战争界限更加模糊、作战样式更趋融合的"混合战争"，给地区与国际安全带来新的威胁。

在新旧国际安全格局与秩序交替的过渡期，世界主要大国大多采取两手策略：一面提升自身实力，避免被潜在对手迅速超越或甩开过远；一面谋划新的国际安全秩序的构建，包括制订新的军备控制协议、避免陷入"囚徒困境"并失去规则制定权。美国尽管实力超群，但也并非高枕无忧，明显感受到了俄中等国在高超音速武器、反卫星武器、电磁脉冲武器、网络战、中程导弹以及人工智能军事化运用等领域对其构成的压力，因而才有了特朗普的上述表态。俄罗斯军费开支不足美国的1/10，冷战时期的对美战略平衡正加速丧失，因此更希望借助新的国际军控体系与美国保持"非对称平衡"并对世界军事领域的"新玩家"形成制约。可以预见，在不久的将来，新一轮军控与裁军谈判可能会被提上国际政治的议事日程，并呈现出多边化、多领域、多速率的特征。

随着综合国力不断提升，中国军事现代化进程近年来取得了较快发展。在我们看来，这是中国军力的"补课式"增长，而中国的"防御性"国防政策决定了中国军力的和平性质。但在他者看来，中国的军力增长已成为国际和地区安全体系中的重大变量，必须加以重视和"约束"。美国军事高层认为，尽管中俄"都在以各自的方式构成威胁，但他们的能力不一样。如果考虑大规模战争中的重大威胁，那就是中国"。而俄罗斯总统普京近日则表示，俄准备与美国就双方"感兴趣的问题，乃至为全人类利益的话题以及裁军问题"全面恢复平等对话。可以确定，在新一轮国际军控与裁军谈判中，中国毫无疑问会成为焦点。对此，中国必须及早做好充分的思想、技术、策略和人才准备。"两耳不闻窗外事、一心只读圣贤书"的时光不再，在这场大变局中，中国应当做出正确的战略选择，以"新安全观"为引领，把握好捍卫国家核心利益与承担国际责任之间的平衡，积极参与国际军控合作，成为国际安全体系改革与重构的参与者、塑造者和引领者。

美俄谋求迂回解冻双边关系*

冯玉军

2019年5月14日,美国国务卿蓬佩奥访俄,在索契会见俄总统普京和外长拉夫罗夫。这是他首次以国务卿身份访俄,也是俄美两国外长时隔一周后的第二次会晤,更是落实5月3日美俄两国总统热线通话的务实之旅。短短半个月内,原本冷若冰霜的美俄两国却出现如此密切的高层互动,不能不让人高度关注。

近来美俄高层对话的议题广泛,涉及当前诸多重大国际热点,既有持续交锋、各执已见,也有心照不宣、相互默契。

在双边关系问题上,双方主张发展互利贸易投资关系并重申增进各领域对话,俄方向美方提交了一份有关推动俄美关系积极发展步骤的备忘录,美方表示积极研究。美方提出两国元首G20大阪峰会期间举行会晤的可能性,普京表示"俄方愿举行任何会议,进行任何接触",强调两国总统"就所有热点问题心平气和地讨论将使各方获益"。

在委内瑞拉问题上,美方称必须允许人道主义援助进入委内瑞拉,并要求俄停止对马杜罗政权的军事支持。俄则反对美对委进行军事干预。通话后,普京称特朗普向他保证"不打算干预"委内瑞

---

* 本文原发表于《世界知识》2019年第11期。

拉危机。但双方究竟在该问题上达成了何种交易，外界不得而知。拉夫罗夫在会谈后的新闻发布会上表示，他与蓬佩奥"关注的不是公共空间中的言论，而是实际政治"。

在朝鲜问题上，普京向特朗普通报了与朝鲜最高领导人金正恩在符拉迪沃斯托克会晤的主要结果，强调要求平壤严格履行义务的同时须采取降低制裁压力的回应举措。而美方的关注点是"俄罗斯加紧行动、继续协助向朝鲜施压以实现无核化"的重要性。

在乌克兰问题上，美方要求俄方做出切实努力，确保顿巴斯冲突的切实降温。俄则把责任推到基辅身上，表示乌克兰新领导层"应就落实明斯克协议采取切实举措"。

在伊朗问题上，美方表达了通过极限施压迫使伊朗接受一份"更加合理的新协议"的意愿，并希望在全面对伊朗实行石油禁运后俄能够采取措施支持国际石油市场的稳定。普京虽对美国"极限施压"的效果表达了质疑，但表示维护国际石油市场稳定同样符合俄的利益。

在叙利亚问题上，双方就如何推进拖延已久的成立叙利亚制宪委员会问题达成了一致，它将重新制定叙利亚宪法以在政治上结束旷日持久的冲突。

两国相互通报了在与塔利班及阿富汗其他政治力量进行沟通的情况，并表示加强在阿富汗以及其他地区的反恐合作、特别是情报交流符合双方共同利益，是增进双方信任的重要渠道。

军备控制是两国高层互动特别关注的问题，双方既讨论了延长现有美俄核协议的可能性，也讨论了签署新核协议的可能性。美方特别强调"新的力量中心"军事力量不受约束的提升已经严重破坏了国际战略平衡，冷战时期以美苏双边协议为核心的军控体系已经完全不符合现实。普京则期望美国政府将特朗普总统关于战略稳定问题的想法落到实处，并表示"俄方有意重返有关战略稳定和军控的对话,准备与美方就导弹防御、进攻性战略武器和中导条约等议题进行专业而全面的讨论"。

与美俄高层互动议程如此丰富相伴随的,是双边关系气氛的明显回暖。特朗普在与普京热线通话后就在推特上说,他看到了"与俄罗斯建立良好关系的令人难以置信的潜力"。普京在接见蓬佩奥时强调,"我们不止一次地表达了恢复全面关系的愿望,希望现在就为此创造条件"。他还特别指出维护战略稳定、确保不扩散大规模杀伤性武器、化解地区危机、打击有组织犯罪、解决贫困和其他现实问题是两国重要的"接触点"。拉夫罗夫也改变了近几年在公开演讲中"逢美必批"的做法,以和解的语气称同美国同行"进行了一场非常好的、具有建设性的谈话"。蓬佩奥则表示俄美既有共同利益,也有可以开展建设性合作的问题,甚至以近年美国官方前所未有的口吻称,"我们可以为两国人民的幸福和全世界的繁荣而共同努力"。

尽管多种因素导致美俄关系不可能如普京所期望的那样迅速"全面恢复",但可以确定的是,在米勒报告减轻特朗普"通俄"压力、中美贸易战进一步升温、美国与伊朗冲突可能升级之际,近期的美俄高层互动将成为一个重要转折,表明双方正试图从一系列国际热点问题的协调起步,迂回解冻双边关系。这种变化的动因是多方面的,有美国媒体认为,重要的一点是,白宫正试图重新定义"邪恶轴心"概念,以集中精力对付真正的战略对手。

大变局下的中国国际战略与中俄关系*

冯玉军

今天的世界正经历冷战结束后的最重要转型，力量格局加速重组，国际秩序全面重塑，包括中美、中俄、中日在内的大国关系更是活跃调整。在复杂、多变、敏感的过渡期，各种看似相互矛盾的现象与趋势同时并存、相互作用。大变局下，必须以复合型思维看待复杂化世界，进而做出正确决策。笔者认为，国际格局与世界秩序重构主要体现在以下几个方面。

一是旧的全球化进程遇阻与新的全球化规则酝酿形成同时并存。冷战结束后的一轮全球化浪潮在带来世界经济普遍增长的同时也带来了新的不平衡，既体现为国家间的不平衡，也体现为很多国家内部的不平衡。作为对这种不平衡的反动，一些国家特别是美国奉行"本国优先"的单边主义和贸易保护主义，对其他经济体动辄加征关税甚至发动贸易战和技术封锁。

但同时，新的全球贸易和投资体系正悄然形成：美加墨新自贸协定，美韩、日欧自贸协定以及《全面与进步跨太平洋伙伴关系协定（CPTPP）》已经签署，美国和欧盟、日本的自贸协定正加速谈判。零关税、零补贴、零壁垒和更高的环境、劳工以及知识产权标

---

* 本文原发表于《世界知识》2019年第13期。

准将是其主要方向。可以预见，经过一段时间的讨价还价和相互磨合后，参与此轮规则制定和产业链整合的经济体可能形成一个高度整合的大市场，而其他经济体则有可能被排除在外。

二是国际政治的权力格局经历着重要变迁。一方面，西方发达国家在世界经济中的占比相对缩小，在国际政治体系中的地位有所下降，而且自身遇到种种问题：美国国内的政治斗争极化；欧洲接连遭遇主权债务危机、难民危机以及英国"脱欧"危机等；法国出现"黄马甲运动"以及新西兰清真寺遭恐袭等。

但另一方面，美国的综合国力特别是核心竞争力在经历了2008年国际金融危机冲击后正在明显反弹："页岩革命"让美国成为世界第一大油气生产国，并深刻改变国际油气市场和能源地缘政治；美国依然掌握世界核心技术优势，处于世界产业链和价值链核心；美国军费开支超过其后八国总和，没有哪国的军力可以与其匹敌；美元作为国际主要储备货币和贸易结算工具的地位没有实质性下降，备受诟病的"长臂管辖"使其金融霸权有增无减，甚至有能力将其对手屏蔽在世界主流金融体系之外；另外，"特朗普主义"让美国的对外政策更加咄咄逼人，尽管很多国家包括美国的盟友对其心存不满，但结果仍是不得不屈服于其压力。这既表现在美加墨贸易谈判上，也体现在北约成员国军费增加上。因此，有关"美国衰落"的断言是轻率的。

三是国际政治思潮泥沙俱下，保守主义、单边主义、实用主义和极端主义抬头。"特朗普主义"以唯美独尊、单边主义和极限施压为主要特征，一定程度上损害了美国的全球声誉；欧洲和拉美都不同程度地出现了政治右倾化；文明冲突论、极端主义和恐怖主义思潮在世界各地寻求信众。

大变局下，中国的国际战略必须把握正确方向，保持足够定力。一是坚定不移地深化改革、扩大开放，更加全面、深度地融入正在到来的新一轮全球化进程，参与规则制定，更加充分地融入全球产业链与价值链体系。二是坚持与美国发展平等互利、相互尊重的建设性伙伴关系，在利益与责任均衡的基础上解决贸易不平衡问题、知识产权保护问题、技术标准问题，避免中美贸易摩擦进一步升级，避免中美市场"脱钩"，更要避免中美经济摩擦扩展至政治、社会、意识形态和军事领域进而形成"新冷战"。三是稳步推动"一带一路"建设，将其作为新一轮全球化的组成部分，而不是另起炉灶形成另外一个"平行市场"。四是保持理想主义与现实主义的平衡，在推动"人类命运共同体"和新型国际关系建设、落实新安全观和新文明观的同时，切实有效地维护和拓展中国国家利益。

  大变局下，要以更理性、更精准、更主动的原则处理中俄关系。一是准确定位中俄关系，坚定不移地发展中俄睦邻友好合作关系。二是始终不渝地坚持"世代友好、永不为敌""相互尊重、平等互利""不结盟、不对抗、不针对第三方"的中俄关系黄金定律。历史经验表明，坚持之，中俄关系就可健康、平稳、可持续地发展；背离之，中俄关系就可能扭曲变形，甚至重蹈忽热忽冷的覆辙。三是正确处理好中、美、俄关系，摆脱"三角关系"的陈旧思维方式，不搞"二对一"对抗，平行发展同美俄两国的建设性友好关系。四是依照市场规律和互利原则，有条不紊地推进中俄经济合作，既要看到其巨大潜力，也要看到其现实约束、成本收益以及增长边界。

国际贸易投资新规制多轨并进与中国的选择*

冯玉军

特朗普执政以来，以"美国第一"为旗号对中国、欧盟、日本、印度等多个经济体加征或威胁加征关税。近来，日本与韩国之间围绕出口管制的争端也风波再起。一时间，贸易战、技术战、货币战黑云压城，WTO等多边国际机制运转不畅，国际贸易投资体系似乎面临"礼崩乐坏"的重大风险。然而，阴阳互动、危机并存。就在世人惊呼"贸易保护主义泛滥""全球化退潮"之际，多种形式、更高标准的双边、区域、跨区域的国际贸易投资新规制纷纷涌现。这反映出经济全球化进程不仅不会夭折，反而正在振荡调整中曲折前进，并可能孕育着下一轮全球化的到来。

近年来，我们看到多种不同形式、不同规模的贸易、投资新规制多轨并进，并已取得诸多现实成果。2018年3月，日本、加拿大、澳大利亚、智利、新西兰、新加坡、文莱、马来西亚、越南、墨西哥、秘鲁十一国签署《全面与进步跨太平洋伙伴关系协定》（CPTPP）。CPTPP于2018年12月30日正式生效，标志着一个占全球经济总量13%、拥有超5亿人口的自由贸易体系初步形成；2018

---

* 本文原发表于《世界知识》2019年第15期。

年7月17日，日本和欧盟签署《经济伙伴关系协定》（EPA）。EPA 2019年2月1日生效，就此形成覆盖6亿人口、GDP总量几乎占到全球1/3的世界最大自由贸易区；2018年9月30日，美国、加拿大和墨西哥历时13个月的谈判终于落幕，三国就贸易、投资等诸多问题达成新的妥协，并一致同意将《北美自由贸易协定》（NAFTA）更名为《美国—墨西哥—加拿大三国协定》（USMCA）；2019年6月30日，欧盟和越南签署自由贸易协定和投资保护协定，同意在10年内逐步削减双边贸易99%的关税；2019年7月7日，非洲大陆自贸区（AfCFTA）正式启动，它将联合13亿非洲人口，构建经济总量达3.4万亿美元的区域经济体；在欧亚地区，由俄罗斯主导的欧亚经济联盟于2015年1月1日正式启动，计划到2025年实现商品、服务、资金和劳动力在联盟内的自由流动，终极目标是建立类似于欧盟的经济联盟，形成一个拥有1.7亿人口的统一市场。此外，美国与欧盟和日本的自由贸易谈判加紧进行，成为2019年下半年国际贸易投资领域的重大看点。

较之以往的国际贸易及投资协定，这些新的规制确定了更高的标准。一方面，关税水平大幅度降低。根据日欧EPA，欧盟将取消99%从日本进口商品的关税，日本将取消94%欧盟进口商品关税，包括82%的农产品和水产品。今后数年，日本将逐步取消99%欧盟进口商品关税；AfCFTA大部分国家承诺，将在5年内逐步取消至多90%的外贸进口关税。预计到2022年，非洲内部贸易量将增加60%。另一方面，环境、知识产权、劳工等标准显著提高。CPTPP是一个高版本的自贸协定，它除了致力于降低贸易成本外，还对国有企业、知识产权、环境标准等方面提出了更高要求；USMCA协定共计35章，涵盖关税、农业、原产地原则、纺织品、海关与贸易便利化、投资、电信、金融服务、数字贸易、知识产权、竞争政策、国有企业、劳工、环境、中小企业、反腐等诸多内容。较之

NAFTA，其调整的内容主要集中在原产地原则、市场准入、知识产权、劳工等条款中。

观察当下的国际贸易投资新规制，可以发现，尽管美、欧、日等发达经济体在农产品保护、汽车关税等领域存在具体利益差异并将在今后的谈判中激烈讨价还价，但在"国有企业地位""市场经济地位""反对大规模政府补贴"等原则问题上却高度一致。美、欧、日三方的贸易谈判代表多次磋商并发表联合声明，强调"欲解决第三国非市场化政策导致不公平贸易、工业补贴、强制技术转移，以致破坏国际贸易运作等问题"，表示将基于国家安全目的和出口管制在投资审查方面进行合作。更有甚者，USMCA中还规定了所谓"毒丸条款"，规定"若三国中有一国与某个'非市场经济国家'签署自贸协定，则其他协议伙伴有权在6个月内退出USMCA协议"。美国政府官员公开表示，该协议将成为美国以后与各方开展自贸谈判的模板。

在新的国际贸易投资新规制多轨并进的形势下，中国应该放眼长远、直面挑战，全方位融入新一轮全球化大潮。第一，在落实"一带一路"倡议的过程中，要由重项目推进转向重规则制定；第二，在加快RCEP谈判的同时，考虑以适当方式加入CPTPP；第三，以进一步的改革开放实现与美日欧等发达经济体的进一步利益融合与规则共商，避免贸易摩擦引发体系分离；第四，在坚持核心利益的基础上，与其他经济体共同推动WTO等国际多边贸易投资机制的改革，使其适应新的全球化趋势，推动全球生产链、价值链和信息链的深度融合和公平运行。

事故频发凸显俄罗斯"去工业化"危机*

冯玉军

近来,俄罗斯发生一系列技术事故与灾难:2019年5月5日,俄航一架"苏霍伊-100型"客机从莫斯科谢列梅捷沃机场起飞后发生紧急故障,随后在返场迫降过程中起火并造成41人遇难。该机型是俄第一种按西方适航标准设计的民用飞机,俄一度寄望于以其抢占国际民用飞机市场;7月1日,俄海军一艘深水潜航器在巴伦支海域执行任务时发生火灾,导致14名官兵遇难,普京总统称其"对海军乃至整个军队来说都是巨大损失";8月5日和9日,克拉斯诺亚尔斯克边疆区阿钦斯克区一存有约4万枚炮弹的军火库两度发生爆炸,致使10多人伤亡、方圆20千米内的上万名居民被疏散;8月8日,阿尔汉格尔斯克州一军事试验场发生爆炸,造成5名核专家死亡,3人受伤。俄官方事后讳莫如深,发布的消息前后矛盾。尽管俄原子能公司称爆炸是由"同位素电源"引起,但有分析人士认为,事故是俄曾高调宣扬的"海燕"巡航导弹的核动力装置发生爆炸所致,并且造成了一定范围的"放射性污染"。

任何技术事故和灾难的发生都有复杂的耦合性因素,但这么多的技术事故在如此短的时间内集中发生,而且是在俄高层高度关注

---

* 本文原发表于《世界知识》2019年第17期。

并进行了大量投入的领域，不能不说暴露了俄罗斯多年存在的深层次问题。除了资金紧张、管理松懈、贪污腐败等通常所说的因素外，"去工业化"可以说是俄技术事故和灾难频发的关键性成因。

通常而言，发达国家的"去工业化"是指源于经济全球化和国际贸易而发生的从制造业为主导的工业经济向服务业经济的过渡。但苏联解体之后俄罗斯所经历的"去工业化"却是由激进的经济转型方式和经济结构的"原材料化"共同催生的原有工业化体系的停滞、倒退甚至逆转。

根据俄联邦政府分析中心数据，除采掘业外，2017年俄工业生产尚未恢复到1990年水平，制造业比1990年下降了20%以上。工业就业在就业人口中的占比从1990年的30.3%降至2018年的24.5%，制造业产值在工业中的比重从1990年的66.5%降至2014年的32.8%。2012—2017年，俄固定资产投资几乎没有增长，有时甚至严重下降，2015年跌幅达到10%。投资不足导致生产设备严重老化，俄与世界发达国家的技术差距显著扩大。2017年，俄工业机器和设备的平均使用年限已超过13年，其中28%是在15年至30年之间，设备磨损率超过了80%。尽管近年来俄政府大力倡导"进口替代战略"，但成效不彰，2015年俄装备进口比例超过90%，其中金属加工设备为96%，重型机械达70%，石油和天然气设备超过60%，电力设备和农业机械超过50%，而几乎所有数控机床和工业机器人都是进口的。

创新能力是检验一个国家工业化水平的核心指标。尽管普京总统早就强调俄要向创新经济迈进，但世界经济论坛等国际权威机构发布的"全球竞争力报告"显示，近年来俄综合竞争力仅处于世界中等水平，不仅落后于美国、德国、瑞士等欧美强国和日本、新加坡等亚洲国家，与中国也存在较大差距。而在"创新指标"排名中，俄的创新能力、科研机构质量、研发投入以及科研队伍人数，在国际上都处于中等偏下水平。按购买力平价计算，2018年美国和中国的研发投入分别为5730亿美元、3184亿美元，而俄只有468亿美元。投入决定产出，根据世界银行的报告，近年来俄高科技出口的数额（现价美元）仅约为54亿美元（2011年）、71亿美元（2012年）和87亿美元（2013年），而世界平均水平在100亿美元以上。

人才流失严重成为俄罗斯"去工业化"的一大病症。俄总统直属国民经济和国家行政学院研究发现，2012年后俄每年大约有10万人移民到发达国家，其中40%的人受过高等教育。俄科学院主席团学术秘书尼古拉·多尔古什金2018年透露，自1990年起俄科研人员数量减少了近63%，2000年以来从事研发的人员年均减少1.3%，从俄移民出去的高素质专业人员人数从2013年的2万人增加到2016年的4.4万人。即使是在俄官方高度重视的军工行业，人才队伍萎缩的现象也未得到根本扭转。2017年，普京总统坚称当年军工行业的月工资水平要比2012年提高0.7倍，超过5万卢布（约合5153元人民币）。以如此低廉的工资水平保障人才队伍的稳定和高质量科研成果的产出，恐怕绝非易事。

近年来，俄政府深刻觉察到了"去工业化"对国家发展带来的严重冲击，采取了一系列措施试图实现"进口替代"、工业振兴和创新发展。但冰冻三尺非一日之寒，长期形成的产业结构、资源分配结构、人才结构等问题难以在短期内得以扭转。在世界新工业革命加速到来的今天，俄罗斯的确是任重道远。

让国际问题研究实现"历史回归"*

冯玉军

古希腊哲学家赫拉克利特说过,"人不能两次踏进同一条河流",这种阐述"变"的哲学对后来辩证法的发展产生过重大影响。黑格尔也说过,"历史总是惊人的重演""历史是一堆灰烬,但灰烬深处有余温""人类从历史学到的唯一的教训,就是人类没有从历史中吸取任何教训"。他的话,深刻洞察到历史发展的连续性、历史对现实的重大影响以及人类对历史的漠视与淡忘。"静即含动,动不舍静",动静之间,考验着世人的智慧与心境。

当今世界,处于急剧的变化之中,国际格局、世界秩序、社会思潮与以往有着极大的不同。乱云飞渡之际,如何保持定力并在万变中把握其"宗"以做出正确决策,对任何国家而言都是复杂而艰巨的任务。

中国正加速走向国际舞台中心,但中国的国际问题研究与国与民的需求却似乎并不相称。曾经何时,中国的国际问题学界为西方舶来的各种"主义"所充斥,"言必称希腊";近年来,一些大而空洞的概念、口号又大行其道,外国人听不懂,中国人不明白。中国国际问题研究的"空心化"是一种非常危险的倾向,不仅无助于国

---

* 本文原发表于《世界知识》2019年第19期。

家的健康成长，甚至会误导决策、误国误民。大变局下，中国的国际问题研究必须将国际关系史、外交史、中国对外关系史重新纳入研究和思考的视野，实现"历史回归"。

实现国际问题研究"历史回归"，必须要树立深邃的历史观，不畏浮云遮望眼，把现实问题放在历史的长河中加以考察，而不能拘泥于一时一事。当今美国的内政外交都经历着剧变，但这些变化并非无迹可寻。从"一战"后威尔逊提出"十四点计划"试图以和平主义来改造世界到受挫后退回孤立主义，再到全面卷入"二战"并确定战后国际秩序，美国对全球事务的关注和影响是持续的、上升的，而不问世事、洁身自好则是相对的、短暂的。一段时间的孤芳自赏之后，往往是美国对全球事务更广泛的参与和重塑。当下，许多人只看到特朗普加紧"退群"，因而认定美国是在搞"单边主义"。但殊不知，美加墨、美韩自贸协定已经签署，美日自贸协定即将达成，美欧正在加紧谈判，甚至不排除CPTPP未来也被美国"收购"。一个以美国为核心，以"零关税、零壁垒、零补贴"为基本原则以及在环境、劳工等领域实施更高标准的高度一体化的大市场正呼之欲出。美国正在国际经贸领域打破它曾经创立的旧秩序，并加紧建立对其更加有利的新秩序。

实现国际问题研究"历史回归"，必须全面呈现、还原历史，只有在丰富翔实的"大数据"支撑下，才能做到以史为鉴。今年是中俄建交70周年，今天的中俄关系也达到了"新时代全面战略协作伙伴关系"的新高度。要使中俄关系平稳、健康、可持续发展，就不能只讲中俄关系的战略意义和巨大成就，也要看到曾经的困难和曲折；不能只讲苏联援建过中国156个工业项目，也要看到沙俄、苏联在东北、外蒙、新疆对中国权益曾造成的巨大侵害。正如邓小平对戈尔巴乔夫所言，中俄（苏）关系有两大症结：一是自近代以来，"从中国得利最大的，一个是日本，一个是沙俄，在一定时期一定问题上也包括苏联……；二是中苏关系"真正的实质问题是不平等，中国人感到受屈辱"。只有全面地还原历史，才能真正地理解"不结盟、不对抗、不针对第三方、非意识形态化"四大原则对于中俄关系的重大价值，才能避免中苏关系由海誓山盟、如胶似漆很快演变为反目成仇、执刀相向的历史覆辙。

实现国际问题研究"历史回归"，要学会进行科学的历史比较。近代以来，俄罗斯在东亚的存在和影响经历过几轮波浪式起伏。1856年克里米亚战争战败后，俄罗斯掉头东进，借中国陷入太平天国起义内乱和第二次鸦片战争之机，迫使中国签署了一系列不平等条约，从中国割占了上百万平方千米的土地，真可谓"失之东隅，得之桑榆"。之后，俄罗斯与日本在中国东北和朝鲜半岛展开了激烈角逐。1895年中日甲午战争后，俄罗斯借助李鸿章"以俄制日"的想法诱使中国签署《中俄密约》，通过修筑中东铁路等一系列措施在华攫取了大量利益。在日俄战争中被日本击败后，俄罗斯的东亚战略核心目标就是引导强势日本"南下"而非"北上"，最终在1941年以牺牲中国利益为筹码与日本签署《苏日中立条约》，把日本的侵略能量引向中国、东南亚和太平洋。"二战"行将结束之际，尽管苏联没有在打击日本军国主义过程中发挥关键作用，但是却利用"雅尔塔协定"出兵东北亚并取得了巨大利益，特别是让外蒙古实现了法理上的独立。可以看到，尽管历史上俄罗斯在东亚缺乏足够的实力，但却有着连贯的战略并善于借力打力以获得最大利益。当前，东亚战略格局正经历着历史性转换，俄罗斯也开始了新一轮"向东转"进程。在此过程中，俄罗斯有着怎样的战略目标、会运用怎样的策略手法？历史不会给我们全部答案，但肯定会给我们有益的启迪。

中国俄（苏）研究70年：回顾与展望*

冯玉军

2019年是中俄建交70周年。70年来，中国的俄罗斯—苏联问题研究经历了一个不平凡的历程。几代学人用自己的艰辛努力为中国的俄苏研究做出了卓越贡献，中国对于俄罗斯这样一个世界大国和重要邻国的认识也日益深化。

70年来的中俄（苏）问题研究大致经历了三个阶段：第一个阶段是从1949年到20世纪50年代末。这基本上是中俄"蜜月"的十年，也是中国"全盘苏化"的十年。如果说，这个十年有俄（苏）问题研究的话，那更多的还是介绍苏联社会主义建设各个方面的"伟大成就和方法"，全盘抄袭苏联的东西。客观而论，这十年对于俄（苏）的研究更多的是单相思的满腔敬仰和无限热爱，科学的研究相对很少。第二个阶段是20世纪六七十年代。随着中苏关系恶化，特别是两国进入十年论战和爆发边界冲突，中国的俄（苏）研究也进入了一个新的阶段。除了在政治上揭露"苏联社会帝国主义"的威胁之外，俄国侵华史的研究也全面展开。回头来看，这一时期的研究不失偏颇之处，但它同时也是一个矫枉过正的过程，是对前十年"全盘苏化"的纠正。这一时期的研究从另一个侧面让中国对

---

* 本文原发表于《世界知识》2019年第21期。

俄（苏）有了更加全面、清晰的了解。第三个阶段是与中国的改革开放进程相伴随的。随着中苏关系逐渐正常化以及中国学术研究氛围的日益好转，中国的俄（苏）研究进入了一个蓬勃发展的时期。40年来，有关俄（苏）问题的研究机构纷纷成立，研究力量日益壮大，研究成果不断涌现。在历史研究方面，几部重要的俄国史、苏联史、冷战史著作的出版，特别是中苏两国档案的整理和研究工作使中国学术界有了自己有关上述重要问题的历史叙述；在转型研究方面，中国不仅对苏联的改革和转型紧密跟踪，充分借鉴俄（苏）社会转型的经验教训，还对中俄两国不同的转型路径进行了充分的比较研究，对更好地推进中国的改革开放事业发挥了巨大作用。

在肯定成绩的同时，也要看到诸多不足：一是中国的俄（苏）研究长时间受到政治氛围的强烈影响，受到意识形态以及中苏关系变化的强烈制约。两国关系好的时候就是一片赞歌，两国关系恶化时就是全盘否定。就此而言，中国的俄（苏）研究还缺乏真正的学术精神和健康的学术氛围。二是学科建设相对滞后。尽管有着70年的积淀，但是作为一个综合性的区域国别研究，我们还没有就俄（苏）问题研究的规律、理论、方法、路径和工具进行过很好的总结。迄今为止，国内还没有一本专门的有关俄（苏）研究的理论和方法论论著。三是缺乏宏大的国际视野。往往就俄（苏）谈俄（苏），没有把它置于宏大的全球框架下加以深入研究，这就使我们难以确定其在世界政治、经济、文化、思想体系中的准确位置。与此相关联，中国的俄（苏）问题研究直到目前为止更多还是依赖于俄（苏）本身的理论、材料和观点，缺乏用"第三只眼睛"观察研究对象的路径，这就导致我们更多吸纳的是研究对象本身的材料、思想和观点。四是缺乏"大历史"的纵深。我们的俄（苏）研究往往是就事论事，没有将研究对象放在连绵不断的历史长河中加以考察，没有将历史研究与政策研究有机结合起来。实际上，无论是对俄（苏）本身还是对中俄（苏）关系的研究，不仅要看苏联解体后这28年、中俄建交这70年，更要看俄罗斯的千年历史和中俄关系的400年历史。当前，中俄关系正经历着"400年未有之大变局"。在深刻的历史剧变面前，俄罗斯的心理状态如何、将施行怎样的对华战略？这不能只听只言片语，更需要从历史长河中加以看待。五是缺乏真正的本体意识。很多学者"俄罗斯情节"过于浓厚，以"非黑即白"的价值判断代替了科学严谨的实证、历史和逻辑分析，凡是俄（苏）的就是好的，容不得半个不字。

未来，中国的俄（苏）问题研究应放在一个由三个坐标轴组成的立体空间来加以推进。

一是宏大的历史观。俄罗斯千年历史的发展轨道是怎样的？中俄关系400年，俄罗斯对于中国究竟意味着什么？对于这些问题，要放在长时段的历史周期中进行考察。

二是系统性的世界比较。要把俄罗斯置于整个世界体系的框架下加以考察，只有这样才能真正把握它在国际体系中曾经发挥什么作用、现在处于什么样的地位、未来还会发挥怎样的影响。

三是要突出本体意识，以中国的国家利益作为研究俄（苏）问题的根本出发点。俄罗斯在历史上对中国产生过什么影响，现在经历着怎样的变化，未来又会向哪个方向演进？只有真正把国家利益作为中俄（苏）问题研究的起点和归宿，我们的俄（苏）研究才能找准方位，也才会更加符合中华民族实现伟大复兴的目标。

如何处理今天的中美俄三边关系[*]

冯玉军

20世纪七八十年代，中国成功地运用中美苏大三角关系改善了不利的国际环境，成为中国外交史上的经典范例。可以说，中国的改革开放是在运筹中美苏大三角的过程中开启的。为了抗衡苏联的安全威胁并获得西方发达国家的资金、技术与市场，改善中美关系成为了进行改革开放的重要条件。但这绝不意味着，运筹中美苏大三角就是简单的"联美抗苏"。毛泽东和邓小平同志运筹中美苏三角关系是因势而动、因时而变的，其精髓在于以中国国家利益为核心，让中美、中苏关系相互影响，良性互动。但最根本的，还是实现了中国对外战略的两个根本性转变，那就是：在战争与和平的问题上，逐步改变了"战争迫在眉睫""世界大战不可避免"等传统认识，提出了"和平与发展是当代世界两大问题"的重要论断；在对外政策上改变了原来"一条线"的战略，在处理大国关系时逐步放弃"以苏划线"和"以美划线"的倾向，强调"中国的对外政策是独立自主的，是真正的不结盟"，"我们不能坐到别人的车子上去。我们这种独立自主的外交政策，最有利于世界和平"。

40年过去，中美俄三边关系发生了根本性的变化。从实力对比

---

[*] 本文原发表于《世界知识》2019年第23期。

上看，美国"一超独霸"的态势没有根本改变，中国跃升为世界第二大经济体并在全球治理上发挥日益重要的影响，而俄罗斯的综合国力和国际影响却呈现出持续衰退的势头；从关系性质上看，美国认为国际关系重回"大国竞争时代"，将中俄视为国际秩序的"修正者"的战略对手，对中俄两国同时施压。美俄关系螺旋性下滑，跌至冷战结束后的冰点。美国开始将中国视为首要战略对手，中美在贸易、台海、南海等问题上的分歧凸显。

在此背景下，中俄两国都不乏通过结盟或以紧密的军事、安全协作来应对美国压力的观点。但这种传统的大国关系"均势论"和"制衡论"忽视了当下国际关系日益复杂的现实，忽视了中俄两国在国家利益、国际身份和国际战略取向等方面的差异，也机械地理解了当年的"中美苏三角关系"的实质，不仅缓解不了中国面临来自美国的压力，反而会使局势更加复杂。

第一，当下的国际关系早已不像是冷战时期那样仅仅是单纯的地缘政治，经济融合、人文联系、文化接触、共同应对全球性挑战的需求使今天的中美关系与当年的美苏关系不可同日而语，以结成军事同盟的方式与美国形成全面的竞争与敌对关系不符合中国的国家利益。

第二，尽管俄美关系处于冷战结束以来的冰点，但俄罗斯从主观愿望上是希望与美国改善关系，出兵叙利亚的重要目标就是试图"逼和"美国，迫使其恢复与俄罗斯的合作。对于俄罗斯战略界来说，促使其他国家成为美国的最大对手是转移自乌克兰危机以来美国对俄压力、摆脱当前困境的最好方式。因此，对俄与华形成紧密关系以对抗美国的主观可靠度是需要存疑的。可以看到，2018年普京再次连任总统后，尽管困难重重，但其外交的重要方面仍是调整和改善自乌克兰危机以来不断恶化的美欧关系，他始终强调，俄希望与美国形成平等、相互尊重和建设性的伙伴关系。

第三，尽管自2014年以来，俄罗斯以武力夺取克里米亚、强势出兵叙利亚的行动令世人瞠目，近期甚至开始在非洲发力，以至有观点认为俄罗斯开始恢复全球性大国地位。但事实上，俄罗斯的综合国力存在诸多短板，参与全球治理的能力与影响日渐匮乏，未来还将面临经济增长模式畸形、人口结构恶化、创新能力不足等诸多挑战，其抵御体系变化和内外压力的能力值得观察。在中美俄三国力量对比发生历史性变化、而国际关系已远非如冷战时仅是地缘政治的情况下，俄罗斯很难像中美苏三角关系中的中国一样发挥"四两拨千斤"的作用。

总体而言，今天的中美俄关系已与冷战时期的中美苏大三角有很大不同，中美、中俄、俄美三组双边关系各有各的价值、各有各的发展逻辑，简单的"二对一"对抗方式不符合中国的利益。在国际大变局下，中国需要跳出传统"三角关系"的思维框架，要将中俄关系的重心放在内生性动力上，而不是外源性动力上；要坚定不移地坚持"不结盟、不对抗、不针对第三方"原则；要坚定不移地发展中俄两国的睦邻友好合作关系，要致力于发展中俄之间的现代化伙伴关系；要充分运用自身的实力、影响和智慧，主动引导和塑造中美、中俄关系的发展，努力实现中美、中俄关系的良性互动。

俄罗斯向何处去？这确实是个问题*

冯玉军

2019年，国际格局与世界秩序持续深度调整，世界经济呈现疲态，全球治理真空凸显，国际思潮泥沙俱下。变局之下，俄罗斯外交长袖善舞、主动作为、借乱谋势，一定程度上改善了外部环境并在多方面有所斩获。但受经济不振、民生艰难、人心思变等因素影响，民众不满情绪上升、国内政治暗流涌动。

一、外部环境改善

2014年乌克兰危机后，俄罗斯受到西方制裁，外部环境大幅恶化。但特朗普执政后美国对外政策变化所带来的"浑水效应"以及中美战略竞争加剧，使世界进入了一个坐标失衡、体系振荡的"混沌期"，而这给综合国力虽然下降但战略与外交谋略能力超强的俄罗斯带来了乱中取胜的好机会。

观念塑造战略，战略决定行动。2019年6月，普京总统公开表示自由主义已走到尽头。俄外长拉夫罗夫9月在联合国大会上直言

---

* "澎湃—外交学人—世局2020"，https：//www.thepaper.cn/newsDetail_forward_5449777。

西方主导地位已经衰落。俄诸多战略界人士预言"西方的黄昏"到来。

2019年10月，瓦尔代俱乐部发布以《成熟起来或是迎接无序：世界秩序的缺失如何促进国家的负责任行为》为题的年度报告，直指"二战后形成的国际秩序已经无可挽回地崩溃，重建国际秩序的努力徒劳无益"，宣称"国际秩序缺失并非灾难，无政府是国际关系更自然的状态，它比现今建立在霸权基础之上的国际秩序更民主，将为人类社会发展提供更大可能"，并进而强调"国家不能再期待秩序的庇护，而需要为各自的生存而斗争"。

深入体会报告的内涵，可以看到俄罗斯并不为国际失序而感到惋惜和惶恐，反而是从中嗅到了难得的机遇。尽管普京总统的态度更加委婉，称"仍需要国际秩序，只是应更有弹性"，但因循俄罗斯外交传统和普京执政风格，其潜台词无疑是"国际秩序必须有俄罗斯足够的位置"。

无独有偶，俄罗斯联邦委员会国际事务委员会副主席弗拉基米尔·卢金也认为"从整个世界看，和谐与稳定变得越来越少了"，但他同时强调，正是在"当今动荡的国际背景下，中美俄三大国之间的关系显得至关重要"。

在这种战略理念影响下，俄罗斯外交没有因国际失序而迟疑彷徨、进退失据，反而攻势凌厉、收放自如，这也进一步体现出俄罗斯外交解构能力大于建构能力的特质。

在后苏联空间，俄罗斯软硬兼施。一方面，借美国放松对欧亚事务关注、部分欧亚国家内外压力加大之机重塑影响。俄罗斯在与白俄罗斯成立联盟国家20周年之际，重提俄白一体化，希望继续推进两国"融合"。俄对相继经历领导人更替的乌兹别克斯坦、哈萨克斯坦两个中亚大国加大工作力度，高层政治互动频繁，乌、哈两国外交重心向俄有所倾斜。另一方面，为缓解西方压力，俄在对乌克兰关系问题上有所松动，向乌归还 2018 年年底刻赤海峡危机中扣留下的三艘海军舰艇，在过境乌克兰天然气运输问题上表现出一定灵活姿态，在"诺曼底四方"机制下就乌克兰东部冲突问题达成暂时性妥协。

在中东地区，俄罗斯纵横捭阖。不仅借出兵叙利亚保住了巴沙尔政权，从而维护了俄在东地中海地区的战略存在，而且与伊朗和土耳其结成了某种"临时性同盟"，力图填补中东战略真空。尽管在叙利亚问题上与沙特立场相左，但在建立"欧佩克＋"机制以共同限产保价问题上两国却相互配合、各取所需。

事实上，俄是为数不多的几个与中东逊尼派和什叶派都有合作的国家之一。尽管以色列对俄在中东的重要盟友叙利亚和伊朗经常发动定点军事打击，但为避免与以反目，俄基本上总是装聋作哑、息事宁人。可以说，俄在中东正试图以"调解人"身份出现，以最小成本换取最大利益，其中东外交充分展现了实用主义的本质和量力而行、左右逢源的风格。但需要强调的，尽管俄在中东多有斩获，但在中东利益纠葛难解难分的情况下，断言俄可以主导中东事务还为时尚早。

在亚太地区，俄罗斯的"向东转"政策取得了积极成效。中俄全面战略协作伙伴关系进入"新时代"，两国双边贸易额 2019 年有望突破 1100 亿美元，中俄东线天然气管道开通运营，两国在国际领域的协调、配合更加紧密。在俄与西方关系持续恶化的背景下，俄罗斯不仅从中国获得了投资、技术和市场，更获得了从其他地方难以想象的战略支持，极大缓解了其面临的战略压力，可以说是俄罗斯外交的"神来之笔"。

俄日关系持续改善，尽管领土问题一时难解，但两国首脑互动频繁，"2＋2"机制运转顺畅，相互借重心照不宣、小步急行。俄印战略合作未因印度积极配合美国"印太战略"而衰减，俄在将印度拉入上海合作组织后，继续强化中俄印、金砖机制运营，力图以此打造"非西方平台"。俄与越南善用特殊历史纽带，双边贸易额不断增长，双边军事技术合作持续推进，欧亚经济联盟与越南自由贸易区协议的落实工作开始启动。普京称："俄越双边关系具有战略性，两国将扩大经济与政治领域的合作。"

俄与西方关系虽未整体解冻，但已出现部分回暖迹象。普京虽称"不会请求减轻对俄制裁"，但希望俄美关系能重回正常状态。2019年12月10日，俄外长拉夫罗夫就军备控制、俄美贸易、朝鲜半岛局势、叙利亚问题、乌东局势等问题赴美磋商。特朗普表示会面"非常好"，希望继续对话。蓬佩奥称"美俄需要改善关系"，同意继续保持接触。有消息称，普京已邀请特朗普参加纪念反法西斯战争胜利75周年活动，特朗普也有意出席；北约与欧盟内部对俄态度出现松动，法国总统马克龙称北约不应将俄视为敌人，呼吁应与其开展透明、可持续对话。

二、内部问题堪忧

与外部环境改善形成鲜明对比的是，俄罗斯内部问题堆积如山，短期难见转机，以至于88%的人都认为俄罗斯面临的最大威胁来自国内。

经济发展持续不振是令俄罗斯最为头疼的问题。2019年前三季度，俄经济增速分别为0.5%、0.9%和2%，俄央行对全年经济增长的预测为0.8%—1.3%，经济发展部的预测为1.3%。会计商会预计2019年俄经济最大增幅是1%，世界银行也持同样判断。

而从2010年到2018年，俄罗斯经济年均增速仅有1.8%，远低于同期接近4%的世界平均增速。根据俄央行和经济发展部等官方机构预测，2020—2029 年，俄经济年均增速不会高于 2%，将持续低于世界平均水平。这也意味着，俄罗斯在世界经济体系中的地位将持续下跌。

根据 IMF 统计，2013—2017 年的名义 GDP（编注：也称货币 GDP，是用生产物品和劳务的当年价格计算的全部最终产品的市场价值），中国从 9.635 万亿美元增至 12.015 万亿美元，增长 24.7%；美国从 16.623 万亿美元增至 23.208 万亿美元，增长 19.4%；而俄罗斯从 2.279 万亿美元减至 1.578 万亿美元，减少了 31.3%。

普京总统曾先后提出俄罗斯到 2020 年、2024 年进入世界经济前五强的目标，但令人尴尬的经济增速只能让这种宏愿终成水月镜花。制约俄罗斯经济增长的有周期性因素，但更重要的是结构性因素。对资源行业的严重依赖，造成了俄经济结构转型缓慢，使保持经济增长和进行结构转换成为两难。近年来，资源行业在俄罗斯经济结构中的地位不降反升，经济的可持续发展受到严重影响，资源福祉成为资源诅咒。

经济增长疲弱和畸形的社会分配机制导致贫富分化加剧、民生艰难。联合国人类发展报告称，当前不平等问题在全球范围内加剧，多数地区的收入不平等自 1980 年开始加剧，而情况最严重的是俄罗斯。

1990 年占俄人口 10% 的最富有阶层的收入占国民总收入的 23%，到 2016 年升至 46%。2019 年年初，有 11 位俄罗斯富豪的个人资产超过 100 亿美元，其中 5 位超过 200 亿美元。目前俄 35% 的财富被大约 100 位富人所占有，而生活在贫困线以下（月均收入低于 180 美元）的人口比例从 2010 年的 11.9% 增至 2019 年第一季度的 14.3%，总数达 2090 万。根据俄国家统计局数据，2013—2018 年，俄居民实际收入逐年下降，累计跌幅高达 11%。2019 年中，平均月薪合 658 美元，同比减少 11.5%。

生活不易促使越来越多的人选择用脚投票，大量知识精英外迁。民调表明，俄罗斯18—24岁的年轻人中，53%有出国意向。俄总统直属国民经济和国家行政学院研究发现，2012年后，俄每年大约有10万人移民到发达国家，其中40%的人受过高等教育。2012年外迁居民数为12.3万人，而2017年达到了37.7万人。

目前，超过300万俄罗斯公民拥有欧盟国家的居留许可证。俄科学院主席团学术秘书尼古拉·多尔古什金2018年透露，自1990年起俄科研人员数量减少了近63%，2000年以来年均减少1.3%，从俄移民出去的高素质专业人员人数从2013年的2万人增加到2016年的4.4万人。尽管政府严令禁止，但联邦政府中仍有10名副部长以上官员拥有欧盟国家居住证，联邦委员会议员3人拥有外国国籍、5人持有外国居住证，国家杜马议员4人拥有外国国籍、12人持有外国居住证。

与精英外迁相伴随的，是大量资金外流。如果说2000—2009年资金外流1180亿美元的话，2010—2019年则达到了5860亿美元，俄罗斯人拥有的境外资产大于俄罗斯2018年的GDP总额，导致俄罗斯经济严重"失血"。

经济社会的变动必然带来相应的政治影响，尽管俄罗斯政局表面上保持了稳定，但实际上则是暗流涌动、人心思变。2019年头三季度，群众抗议示威分别达429次、434次、580次，医生和起重工分别举行同业罢工，抗议解雇和工作条件恶劣。叶卡捷琳堡市民抗议在市中心广场建教堂，与军警对峙，最后经普京总统出面才得以解决。2009年9月地方选举前，曾有多位反对党及独立候选人被取消参选资格，引发在野阵营强烈不满，认为当局有意打压反对党，导致包括莫斯科在内的全国多地爆发持续性示威。在莫斯科市议会选举中，执政党统一俄罗斯党尽管赢得45个议席中的25席从而保住了多数优势，但失去了近1/3的议席。

与显性的抗议运动相比，更引人瞩目的是民众对"普京主义"产生了质疑。所谓"普京主义"，是对普京执政20年来所形成的俄罗斯治国理政模式的统称。2019年2月，俄总统助理苏尔科夫在《独立报》发表《普京的长久之国》一文，将"普京主义"的本质概括为外生性、军事性和人民性，认为无论是哪种国家形式、处于怎样的历史时期，俄罗斯都拥有无条件信任最高领袖的"深层人民"。一旦国家进入衰败或转折时期，"深层人民"就会将国家重新拉回正轨。苏尔科夫强调，由于普京与民众的相互信任，"普京的国家"将长期存在。

然而，当下的事实却充满了讽刺，列瓦达中心2019年2月的民调表明，45%的人认为俄罗斯选错了发展方向，认为方向正确的人仅有42%，84%的俄罗斯人表示要参与决定本国的发展前途。

从2000年起，普京执掌俄罗斯已近20年时间，俄罗斯并未实现强国复兴，反而让俄罗斯人回想起了勃列日涅夫执政的"停滞"时期。尽管普京的第四个总统任期还有四年才会结束，但俄罗斯似乎已经陷入了一片迷茫。虽然普京仍然大权在握，但"2024问题"已经浮出了水面。

俄罗斯向何处去？这确实是个问题！

俄罗斯需要国际秩序吗？*
——2019瓦尔代会议侧记

赵华胜

2019年瓦尔代年会召开的时间比往年略早，是在9月30日到10月3日，地点还是在瓦尔代的大本营——索契高加索山脉中的波丽亚娜1389宾馆。

这次年会有诸多不同以往的特点。

首先，年会主题的风向大转。瓦尔代年会主题和题目的出挑是出了名的，常常走在国际政治的最前沿，给人比较强烈的思想冲击。尽管预想过今年瓦尔代年会的主题，但结果还是比较意外。今年的主题是"东方的黎明和全球政治秩序"。多年来，瓦尔代年会都是以俄罗斯与西方关系或俄罗斯发展为主要议题，这次突然转到了东方，不能不说是一个大幅度转向。

代表的构成也有明显变化。瓦尔代最初主要是作为俄罗斯与美国和西方沟通的平台，因此欧美学者一直比较多，外方学者是大会的主要方阵。近两年来，随着美俄关系的恶化，相互沟通越来越困难，与会的美国学者开始减少，特别是在这次年会上，美欧学者比以往都少，当然，这也与会议的主题有关。不过，会议代表面孔的

---

* "澎湃—澎湃研究所—西北望", https://www.thepaper.cn/newsDetail_forward_4688567。

变化还是反映出瓦尔代追求改变的想法。

瓦尔代虽然有强大的官方支持的背景，但它一直主要是以学术性为交流和对话的平台，但它现在似乎也在变成外交平台。以往瓦尔代年会有前总统、前总理参加，如阿富汗前总统卡尔扎伊就是瓦尔代的常客，但现任外国总统参加几乎没有过。但这次一下子来了4个，他们是阿塞拜疆总统阿利耶夫，约旦国王阿卜杜拉二世，哈萨克斯坦总统托卡耶夫，菲律宾总统杜特尔特。他们分别来自高加索、中东、中亚、东南亚地区，看来这也不是没有意义。他们与普京在台上并坐，与普京一起发表演说和回答问题。这使瓦尔代有了一些俄罗斯主场外交的意思，成了俄罗斯进行外交活动的平台。

瓦尔代之所以引人关注，最主要的原因还是普京。普京每年在会议上的演讲和回答提问是瓦尔代年会最大的亮点，在一定意义上，它被看作俄罗斯外交的风向标。今年也不例外，普京将在大会上讲什么最受期待。

年会开幕前夕，瓦尔代俱乐部发布了特别准备的报告，报告用了一个很长的题目："成熟起来，或是迎接无秩序：世界秩序的缺失如何促进国家的负责任行为"。这篇报告被瓦尔代俱乐部作为"重磅炸弹"，一直到最后时刻才拿出来。报告提出了一系列对俄罗斯传统外交概念具有颠覆性的观点，它的核心思想是"二战"后形成的国际秩序已经无可挽回地崩溃，重建国际秩序的努力徒劳无益，世界将进入没有国际秩序的无政府状态；但国际秩序的缺失并不是灾难，无政府是国际关系更自然的状态，它比现今建立在霸权基础之上的国际秩序更民主，这将为人类社会发展提供更大的可能性；未来独立国家共同的民主将代替原来的国际秩序，它将为国际政治制定规则，在这种情况下，国家领导人的道德、正义和责任感将至关重要；国家不能再期待"秩序"的庇护，而需要国自为政，各自为自己的生存而斗争，等等。

瓦尔代俱乐部的这一思想在去年的报告中已有端倪。在这次年会上，瓦尔代俱乐部把它发展成了系统理论。俱乐部主席贝斯特里茨基在开幕致辞中介绍了这一思想，俱乐部学术主席卢基扬诺夫在主持普京的演讲环节时又重复了这一观点。可以感觉到，他们也在等待普京总统的反应。

总的看来，普京总统对这一思想并不惊讶，不过他没有完全接受，却也没有坚决否定。他的回答是，虽然国际社会陷入无政府状态不是没有可能，多极化也不是万能良药，但国际秩序仍是需要的，特别是在安全领域，只是国际秩序应更有弹性，也就是更大的包容性，没有秩序的世界将会蕴藏很大的危险。这意味着，瓦尔代俱乐部的观点尚未进入官方的概念体系，它仍处于学术层面。

不过，俄罗斯精英界提出这一思想本身就有重要意味。这种理论很容易让人想起米尔斯海默。事实上，两者很可能不是没有关系。米尔斯海默教授是2016年瓦尔代会议的嘉宾，纯理论学者参加瓦尔代会议并不多见，但现在看来这不是偶然的。更使人产生联想的是，米尔斯海默还是今年瓦尔代研究奖的唯一得主，评奖作品是他与人合著的《没有俄罗斯的位置：1989年以来欧洲的安全机制》，可见瓦尔代对米尔斯海默的重视。由此可以推断，今年瓦尔代报告的理论源头是来自米尔斯海默，而不完全是自我创造。这提出了很多问题：这种观点是一种事实陈述和客观判断还是一种政策选择？即认为国际社会的无政府状态对俄罗斯更适合和更有利？如果俄罗斯采纳米尔斯海默的思想，这对俄罗斯外交将会有什么影响？对中俄关系又会有什么影响？尤其是米尔斯海默一贯主张遏制中国，并且在瓦尔代也直言美国应联合俄印日共同遏制中国。不过，西方学者的角度不同，对此又是一番不同的理解。他们的感觉是这意味着俄罗斯要同中国一道，抛开西方和国际秩序，自定规则，自我行事。可以预料的是，尽管还不是官方理论，但瓦尔代俱乐部的这种观点已经基本定型，并且为相当一部分主流精英所接受，它还将延伸发展下去，并且将持续向官方思想渗透。

对于大会的主题即东方的崛起，普京完全肯定。他用了很大篇幅和充满赞赏的口吻谈论了亚洲的文明、进步、发展和在国际上的重要地位。他认为亚洲是国际关系民主化和世界多极化的重要因素，在当今世界上，任何重大问题没有亚洲的参与不可能解决。

从普京对亚洲的高度赞誉可以预感到，俄罗斯将加深和扩大它的亚洲外交。俄罗斯的眼光将更加宽广，越过中国和几个主要亚洲国家，耕耘"从马格里布和中东到东亚和东南亚"的广大地区。很可能，俄罗斯的亚洲外交是它更大的外交设想的一部分，即在大国和传统的外交重点之外，俄罗斯将开展"小国外交"，也就是把发展与中小国家的关系放到更高的战略层面上。如同普京形容的，19世纪是"大国音乐会"，现在需要的是"全球音乐会"，让每件乐器都能发声，每个国际社会的参与者都能参与意见。不久后在索契将举行第一次俄罗斯—非洲高峰会议，这可以说是一个先声。

还可以看到，在高举东方文明和亚洲地位的同时，俄罗斯更加看衰西方价值和西方的地位。2019年6月普京公开表示自由主义已到尽头，在西方引起很大反响。俄外长拉夫罗夫9月在联合国大会上直言西方主导地位的衰落。瓦尔代报告的作者之一季莫菲耶夫在9月发表的一篇文章使用了"西方的暮色"的标题，这与这次会议的主题"东方的黎明"恰成鲜明对照。当然，西方文明的衰落已是百年老话题，这次会不会应验还需很长的时间才能检验。说起来，东方的概念也有些飘忽不定，它是地理的东方、政治的东方、还是非西方的东方？亚洲的概念也是如此，与西方在文明、宗教、政治文化、社会制度等方面相同或相近不一样，亚洲国家在所有这些方面都十分不同。因此，多元多样和缺乏同质性是亚洲最大的特点，从国际政治的角度说，它的整体性比较松散。

那么，在东方和西方的两元之间，俄罗斯认为它的位置在哪里？它是在俄罗斯所看好的东方之内还是在东方之外？从报告作者对这一问题的理解来看，俄罗斯仍认为它既不属于西方，也不属于东方，但同时它既是欧洲国家，又是亚洲国家。俄罗斯是欧亚国家，居于欧亚之间，左牵欧洲，右携亚洲。这还是欧亚主义的定位。

在这次大会上，中国学者没有得到向普京提问的机会，但在俄罗斯学者提出中俄关系问题时，普京做了详细的回答，并对中俄关系给予了高度评价。普京称中俄是"真正意义上的全方位战略合作伙伴的联盟关系"。最不寻常的是，普京透露俄罗斯正在帮助中国建立导弹预警系统，普京说目前只有俄罗斯和美国有这种系统，俄罗斯的帮助将使中国的国防能力得到质的提升。同时普京也再次表示，中俄合作的目的是自我发展，不是为了反对第三方。联想到今年7月中俄战略轰战机在东海上空首次进行联合巡航，9月中国军队首次参加俄罗斯"中部-2019"战略司令部军事演习，显而易见，中俄军事合作在向战略性纵深发展，这是两国关系稳固和提升的重要表现。

印度和日本学者都提出了"印太战略"的问题。普京表示，俄罗斯对"印太战略"的基本立场是希望它不要结成军事集团。至于"印太战略"遏制中国的意图，普京劝告不要去尝试，因为这既做不到，而且还会伤及自身。对于日本学者提出的俄罗斯加入"印太战略"的问题，普京以俄罗斯和其他国家正在积极发展上海合作组织和大欧亚伙伴关系作为回答。这间接地表示，俄罗斯现在没有参与"印太战略"的可能，它在这一地区要推进的是自己的区域框架。俄罗斯的框架由三个范围逐次扩大的层次构成，即欧亚经济联盟、上海合作组织、大欧亚伙伴关系。欧亚经济联盟近来的表现使俄罗斯感到鼓舞。它刚刚与新加坡签署了自贸区协定，与伊朗签署了临时自贸区协定，与以色列和埃及的自贸区谈判正在进行，与印度的自贸区谈判即将开始，与东盟的2019—2020年合作议程也已经启动。另外，过去一直拒绝加入欧亚经济联盟的中亚大国乌兹别克斯坦也决定开始考虑这一问题。普京谈到了"一带一路"与欧亚经济联盟，认为它们在精神和要解决的任务上相互接近，它们的对接是大欧亚的支柱之一，并表示愿与中国朋友加快这方面的工作。

俄美关系不是这次大会的重点，但普京还是有机会对特朗普表示了赞赏，称赞特朗普在朝鲜问题上表现出了打破陈规的勇气和能力，迈出了具有历史意义的一步，与金正恩会见，并开启了与朝鲜的谈判。这虽是简单的就事论事，但传达出的信息可能有更广的含义，它表示出普京对特朗普的好感和信任，并希望俄美关系改善。今年APEC高峰会议即将于11月在智利召开，可以猜测，俄罗斯希望普京与特朗普在此期间会见。在这个档口，友善的言论可能是一种自然流露，也可能是一种有意表示。

2019年是普京执政20年，俄罗斯国内外已有一些评论和总结。有意思的是，普京演讲的结尾似乎是在对此回应。在演讲结束时，普京说他想讲几句略微离开主题的话。他说，20世纪90年代是俄罗斯历史上最困难的时期之一，国家陷入尖锐的政治、经济和社会危机，又遭受国际恐怖主义的侵略，俄罗斯走到了国家崩溃和解体的危险临界点。大规模国内战争可能爆发，国家可能失去统一和主权，俄罗斯可能沦落到世界政治的边缘。但在过去的20年里，虽然有做得不够的地方，但实现了政治稳定，经济和社会得到恢复和巩固，俄罗斯自信地在世界最有影响的大国中占有一席之地，并且是现行国际秩序的保障者之一。也许可以认为，这是普京对他对俄罗斯主要历史贡献的一种总结。

图书在版编目（CIP）数据

俄罗斯欧亚研究. 第二辑/冯玉军，赵华胜主编. —北京：时事出版社，2020.9
ISBN 978-7-5195-0387-1

Ⅰ.①俄… Ⅱ.①冯…②赵… Ⅲ.①中俄关系—文集②国际关系—俄罗斯、欧洲、亚洲 Ⅳ.①D822.351.12 – 53②D8 – 53

中国版本图书馆 CIP 数据核字（2020）第 094306 号

出 版 发 行：时事出版社
地　　　　址：北京市海淀区万寿寺甲 2 号
邮　　　　编：100081
发 行 热 线：（010）88547590　88547591
读者服务部：（010）88547595
传　　　　真：（010）88547592
电 子 邮 箱：shishichubanshe@ sina. com
网　　　　址：www. shishishe. com
印　　　　刷：北京朝阳印刷厂有限责任公司

开本：787×1092　1/16　印张：14.25　字数：200 千字
2020 年 9 月第 1 版　2020 年 9 月第 1 次印刷
定价：80.00 元
（如有印装质量问题，请与本社发行部联系调换）